KB268506

양자역학으로 분석하는
마음의 세계

마음이 종교 · 심리 · 철학 · 양자역학과 만나다

양자역학으로 분석하는
마음의 세계

김기식 지음

좋은땅

<h1 style="text-align:center">이 책에서 전달하고자 하는 요점</h1>

★ 마음의 층별 원형 구조와 작용 원리를 알아야 치유도 가능합니다.

★ 마음은 무의식과 의식의 교차 구조로 협조 및 대립 관계에 있습니다.

★ 무의식은 파동, 의식은 입자의 성질을 띠며 우주의 원리와 유사합니다.

★ 마음은 양자역학의 중첩과 이중성 원리가 작용합니다.

★ 마음은 하나의 상태로 나타나는 관찰자효과가 있습니다.

★ 감정은 좋고 나쁜 느낌에서 시작한다는 원리를 알아야 합니다.

★ 파동과 입자 양자역학의 원리가 적용되는 마음 치유 사례별 분석

마음이 양자역학의 원리와 유사한 이유?

마음이 양자역학의 원리와 유사한 이유를 알기 위해서는 미시세계 빛의 성질과 마음의 특성에 대한 이해가 필요합니다. 빛은 멈출 수 없는 에너지로 질량이 없다고 합니다. 마음도 질량을 측정할 수 없다는 것은 통념적으로 이해하고 있는 부분일 것입니다. 질량을 측정할 수 없는 마음은 현대 물리학으로 입증되는 거시세계 물질의 속성만으로 분석할 수 없는 한계가 있습니다. 빛이 없는 마음의 세계를 상상할 수 없듯이 마음도 미시세계 양자역학의 원리와 연계하여 작용하는 것입니다. 물질과 다르게 질량이 없고 보이지 않는 마음은 빛의 흐름처럼 미시세계 양자역학의 원리에 의한 분석이 필요하다는 것입니다. 이 책에서는 양자역학의 특성인 파동과 입자의 중첩 및 이중성의 원리, 관찰자효과, 비국소성 및 불확정성의 원리와 마음 작용의 관계를 종교 심리 철학 과학의 분야별 사례와 연계하여 설명하고 있으니 마음 관찰 및 분석에 도움이 되었으면 합니다.

마음이 작용하는 원리는 무엇일까요?

사전에 마음이란 인간의 의식, 감정, 생각, 의지, 기억 등을 포괄하는 정신적 작용을 말한다고 합니다. 다만 종교, 철학, 심리, 과학 분야마다 해석의 차이가 있기도 합니다. 각 분야의 관점과 목적이 다르기 때문일 것입니다. 이 책은 이러한 다양한 해석을 종합하여 마음을 더 깊이 있게 관찰하고자 하였습니다.

세상에 독자적으로 존재하는 것은 없다고 합니다. 그렇다면 마음도 무엇인가 구성요소가 있지 않을까요? 컴퓨터를 분해해서 각각의 부품에 대한 기능을 알아야 컴퓨터가 작동하는 원리를 알 수 있듯이 마음도 구성요소를 분해해서 분석해야 마음이 작용하는 원리를 이해하는 데 도움이 될 수 있다는 논리입니다. 실질적으로 기원전 5세기경부터 전해 오는 불교 경전에는 몸과 마음을 구성하는 요소를 오온 색수상행식(色·受·想·行·識)으로 구분하여 마음을 이해하는 중요한 자료로서 연구되고 있습니다. 오온은 색(대상), 수(느낌), 상(생각), 행(심리), 식(분별)으로 구분하여 마음이 작용하는 과정을 설명하고 있습니다.

이 책은 오온의 마음 구조를 바탕으로 종교, 심리, 철학, 과학 분야별 마음 해석과 연계해 마음이 작용하는 관계를 알아 가고자 하였습니다. 1장에서는 마음의 총괄 구조를 마음의 원형 그림 및 분류표로 나타내어 개괄적으로 제시함으로써 종교, 심리, 철학, 과학의 분야별 마음 작용이 층별로 연계되어 있다는 관계성을 한눈에 볼 수 있도록 하였습니다. 2장, 3장, 4장, 5장은 마음을 구성하는 오온의 마음 작용과 의식 무의식의 관계, 마음의 시공간과 양자역학의 원리, 언어의 파동과 입자 관계 등 분야별로 해석되는 마음을 융합하여 분석함으로써 마음이 어떻게 일어나고 작용하는지 그 원리를 이해하도록 안내하고 있습니다. 몸과 마음을 구성하는 오온의 마음 작용이 의식 무의식의 교차 구조를 이루며 양자역학의 특성인 파동과 입자의 이중성, 중첩, 관찰자효과와 유사하다는 것을 분석하고 있으며 마음과 뇌 활동과의 관계 등 여러 분야별 관계성에 대해서도 연결 지어 설명하고 있습니다. 마음의 분야별 관계를 접목하다 보면 오온 중

(수)의 느낌 및 (행)의 감정은 무형의 심리 반응 무의식으로 파동의 성질이 있고 (상)의 생각 인식과 (식)의 인식 분별은 표상을 인식 분별하는 유형의 의식으로 입자의 성질이 있다는 것을 알 수 있을 것입니다. 이 책에서는 마음과 의식 무의식의 관계, 양자역학의 관계뿐 아니라 뇌 활동과의 관계성까지 심도 있는 마음 분석을 통해 종교, 철학, 과학, 심리 분야별 구분보다는 통합적인 관점에서 마음이 작용하는 원리를 알아 갈 수 있도록 하였습니다.

왜 마음 때문에 고통스러울까요?

고통의 원인을 외부 대상에서 찾는 것은 아닌지요? 그 고통의 원인을 마음 관찰에서 찾아보고 분석하여 감정을 다스리며 행복하게 살아가는 지혜로운 삶이 되었으면 합니다. 마음의 고통은 나 중심의 느낌 및 생각 관념에 집착되어 감정에 휘말리며 연계되는 경우가 보편적입니다. 즉 느낌과 감정의 관계에서 고통이 시작되고 마음의 병으로까지 이어진다는 것입니다. 그러나 고통으로 연계되는 느낌이나 생각 감정의 관계를 관찰하는 기법을 알지 못해 마음에 혼선을 일으키는 사람이 대다수입니다. 느낌과 생각 감정의 관계를 알기 위해서는 양자역학과의 중첩 및 이중성 관계 등 분석이 필요하며 느낌과 감정을 구분하여 마음을 관찰하는 연습이 매우 중요하다고 할 것입니다. 마음의 병으로까지 이어지는 느낌과 감정의 관계를 분류하는 마음 관찰을 할 수 있다면 마음 때문에 고통스러운 일은 줄어들 것입니다.

모든 감정은 좋고 나쁜 느낌에서 시작되며 느낌은 생각 인식에 연계하여 작용한다는 것을 알아 가는 것이 마음 관찰의 핵심입니다. "생각이 어디에 있는지?" "느낌이 어떻게 작용하는지?" "감정이 어떻게 일어나는지?" 관찰하려 하지 않고 생각 느낌 감정을 혼합하여 한 번에 마음을 알려는 것은 숫자도 모르면서 더하기 빼기를 하려는 것과 다를 바 없을 것입니다. 어떤 공간에 마음이 혼재하여 복잡하게 섞여 있으면 혼란스러울 것이고 마음을 관찰하여 가지런히 정리·정돈할 수 있다면 안정을 유지할 수 있을 것입니다.

이 책 6장, 7장, 8장, 9장은 마음의 병을 일으키는 원인과 치유 방안을 양자역학의 원리에 접목해 분석하고 있습니다. 느낌과 감정의 관계, 탐진치와 마음의 병 알아 가기, 마음 치유 순서에 따라 고통스러운 마음에서 벗어나는 방안 들을 사례별로 분석하여 마음 관찰 및 치유에 도움을 주고자 하였습니다. 마음 관찰 및 치유 과정에 대해 보충 설명하면 1차적으로 느낌이 원인이 되어 2차적으로 감정이 일어나는 관계에서 탐진치가 일어나는 과정을 분석하였고 마음의 병으로 이어지는 탐진치를 극복하기 위해서는 어떻게 해야 할지 알아차림 하는 방법을 안내하고 있습니다. 또한 마음의 병 치유를 위해 파동과 입자의 관계 등 양자역학의 원리가 적용되는 관계 사례들을 분석하여 설명함으로써 마음 때문에 고통스러워하는 사람들이 지혜의 길을 가도록 안내하고자 하였습니다.

마음 공부는 어떻게 접근해야 할까요?

"마음 공부". 공부라는 문구가 들어가면 재미없다는 것은 많은 사람이 공감하는 부분일 것입니다. 이 책은 재미없다고 보이는 마음 공부를 종교, 심리, 철학, 과학(양자역학)의 관계와 접목하여 구성하였으니 호기심과 흥미를 갖고 접근하였으면 합니다. 일반 소설의 구성 형식과 달리 마음의 구조 및 작용 과정을 표에 의거하여 개괄적으로 보여 주고 설명하는 형식을 이용하여 마음이 작용하는 원리를 이해하는 데 도움을 주는 참고서 역할을 하고자 하였습니다. 마음 공부는 심도 있는 이해가 필요한 부분이므로 이 책에서 그림이나 표로 나타낸 분야별 마음 작용에 대한 이해가 중요합니다. 서둘지 말고 마음 작용 사례로 제시한 그림이나 표에 의거하여 서술된 내용을 비교하며 차근차근 이해해 갔으면 합니다.

사람들마다 마음 공부 접근 방법에 차이가 있을 수 있을 것입니다. 저자가 이 책에서 마음 공부에 접근한 방법은 먼저 종교 분야와 심리 분야가 연계된 색(대상), 수(느낌), 상(생각), 행(심리), 식(분별) 오온의 마음 작용 과정을 단계별로 이해한 후 철학 분야 의식 무의식의 관계를 접목하였고 양자역학 분야 파동과 입자의 관계에 의한 중첩 및 이중성의 원리와 관찰자효과 불확정성의 원리에 대해 분석하는 과정으로 진행하였으니 참고가 되었으면 합니다. 이 책의 마음 공부 과정에서 꼭 이해해야 할 부분은 1단계 2단계 마음 작용의 관계와 의식과 무의식의 구분입니다. 마음과 양자역학과의 관계를 분석하는 데 마음 작용 단계와 의식 무의식의 관계에 대한 이해가 중요하다는 것입니다. 의식 무의식의 구분은 어떤 대상이나 사물, 표상을 인식하고 분별하는 것을 '의식'이라 하고, 어떤 대상이나 사물, 표상에 대해 반응하는 의지 및 느낌 감정 심리 반응을 '무의식'으로 이 책에서 정의하고 있다는 것을 알아야 합니다.

또한 오온 중 (수)의 느낌 및 (행)의 감정은 무형의 심리 반응 무의식으로 파동의 성질이 있고 (상)의 생각 인식과 (식)의 인식 분별은 표상을 인식 분별하는 유형의 의식으로 입자의 성질이 있다는 것은 마음의 원형 및 분야별 마음 작용 과정과 연계하여 알아 가게 될 것입니다. 이렇게 분야별 마음 작용 관계를 연계하여 접근하다 보면 마음의 구조 및 작용 원리를 이해할 수 있을 것입니다. 인간의 삶에서 마음은 분리할 수 없는 평생 동반자입니다. 평생을 함께하는 마음을 공부하지 않고 사는 것은 깜깜한 암흑천지에서 살아가는 것과 같은 어리석은 삶일 것입니다. 이 책이 마음 공부의 안내서가 되길 바랍니다.

목차

3장　마음(오온)과 의식 무의식의 관계

4장　마음의 시공간과 양자역학의 원리

5장　언어의 파동과 입자 관계성

6장　느낌과 감정의 관계

마음의 총괄 구조

　마음을 관찰하기 위해서는 마음의 구조 및 작용 원리에 대한 이해가 중요합니다. 마음은 종교, 심리, 철학, 과학 분야별 해석에 차이가 있을 정도로 명확하게 정의하기가 어렵다고 합니다. 분야별 관점이 다른 이유는 미시세계 양자역학의 원리처럼 마음도 외부로 드러나 관측되지 않기 때문일 것입니다. 이 책에서는 마음의 분야별 관점에 대한 혼선을 줄이고 통합적인 관점에서 관찰할 수 있도록 도움을 주고자 하였습니다. 마음은 분야별로 그 해석상 차이가 있을 수 있지만 마음이 작용하는 과정은 상호 연계되어 있다는 것을 한눈에 볼 수 있도록 마음의 총괄 구조를 제시하고 분야별로 세부적인 부분을 분석하고 있습니다. 마음의 총괄 구조가 처음부터 이해될 수는 없을 것입니다. 우주라는 시공간을 그려야 별들을 관측해 갈 수 있듯이 마음의 총괄 구조로 제시하는 마음의 원형 구조, 마음 작용의 분류표, 마음 작용의 분야별 관계성을 참고하면서 계속되어 이어지는 분야별 세부적인 설명 부분으로 접근하다 보면 마음 작용의 원리를 알아 가는 데 도움이 될 것입니다. 궁극적 행복으로 가는 길에 마음의 총괄 구조가 안내서의 지도 역할이 되길 바랍니다.

1. 마음의 원형 구조

마음의 원형 구조 그림에서 종교, 심리, 철학, 양자역학 분야별 마음이 층을 이루며 연계되어 작용하는 것을 보여 주고 있습니다. 원형의 마음 구조 안에서 분야별 마음 작용이 층별로 연계되어 있다는 것을 사례별로 융합하여 분석하다 보면 마음 작용의 원리를 이해하는 데 도움이 될 것입니다.

그림 1-1-1 [마음의 원형 구조]

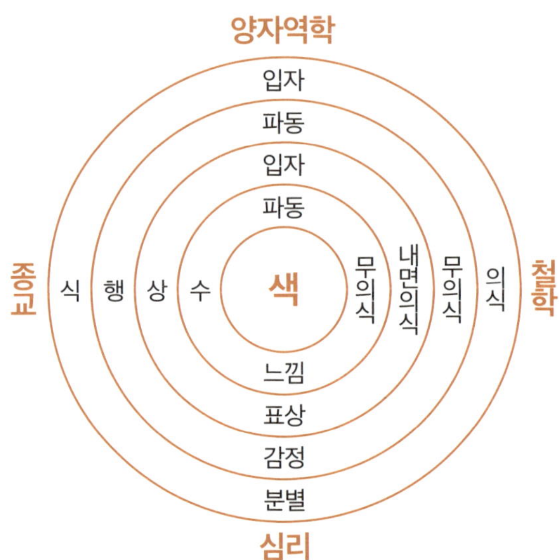

위 그림 1-1-1 [마음의 원형 구조]는 종교, 심리, 철학, 양자역학의 분야별 관계에서 마음의 원형이 층별로 구분되어 상호 작용하는 과정을 개괄적으로 나타낸 것입니다.

2. 마음 작용의 분류

표 1-2-1 [마음 작용의 분류]

구분	분야별 마음 작용 과정					참고
종교 분야	색	수	상	행	식	불교 오온
심리 분야	대상	느낌	생각, 인식	심리, 감정	인식, 분별	심리 구분
철학 분야	의식	무의식	내면 의식	무의식	의식	의식 구분
과학 분야	입자	파동	입자	파동	입자	양자역학

표 1-2-1 [마음 작용의 분류]는 마음의 원형 구조를 표로 분류하여 정리한 것입니다. 표에서 구분하고 있는 분야별 마음 작용 과정을 보면 종교, 심리, 철학, 과학 분야별 마음이 별개가 아니라 어떤 규칙성에 의하여 연계되어 있다는 것을 알 수 있을 것입니다. 마음 작용의 이해를 위해 먼저 종교 분야와 심리 분야의 관계를 연계해 살펴보면 종교 분야 불교의 관점에서는 몸과 마음을 구성하는 요소를 오온(색수상행식)이라 하여 마음 작용의 관계를 설명하고 있습니다. 심리 분야 관점에서는 해석이 분분할 수 있지만 자극, 지각, 감정, 판단, 행동의 순으로 마음 작용이 이어진다고 합니다. 종교 분야 불교의 관점과 심리 분야 관점을 접목해 연계하면 색(대상), 수(느낌), 상(생각), 행(감정), 식(분별 행동)으로 마음 작용이 일어나는 것으로 상호 밀접한 관계성이 있다는 것을 알 수 있습니다.

마음 작용 분류표의 철학 분야 관점은 의식 무의식이 교차하는 마음 작용 구조를 보여 주고 있습니다. 무의식은 드러나지 않는 세계로 철학적 관점에 뿌리를 두고 있다 할 것이기에 의식과 무의식의 관계는 철학 분야로 구분하여 접근하는 것입니다. 또한 과학 분야 양자역학의 관점에서 보면 마음의 원형 구조 층별로 파동과 입자의 관계가 교차하는 마음 작용 구조를 보여 주고 있습니다. 마음 작용에도 파동과 입자의 관계가 연계되어 있다는 것입니다.

그렇다면 종교, 심리, 철학, 과학(양자역학) 분야별 마음 작용 관계를 어떻게 연계지어 총괄적으로 설명할 수 있을까요? 분야별 마음 작용 과정을 마음의 원형 및 분류표에 의거 종합적으로 서술하여 설명하면 오온 중 (수)의 느낌이나 (행)의 감정 반응은 어떤 대상으로 인해 심리 반응하는 무형의 마음으로 무의식의 성질이 있어 파동의 상태를 띤다는 것이며, (상)의 생각 인식이나 (식)의 분별 인식은 어떤 대상을 인식 분별하는 유형의 마음으로 의식의 성질이 있어 입자의 성질을 띤다는 것입니다. 종교, 심리, 철학, 양자역학 분야별 마음 작용이 연계되어 작용하는 관계성을 보여 주고 있습니다.

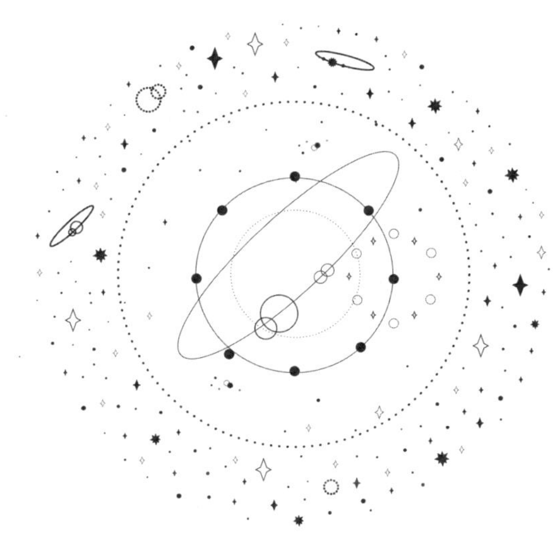

3. 마음 작용의 분야별 관계성

마음의 원형 구조 및 분류표에서 종교, 심리, 철학, 과학(양자역학) 분야별 마음 작용 과정이 서로 연계되어 있다는 것을 보여 주고 있습니다. 그러나 물질처럼 드러나지 않는 마음의 특성상 마음 작용의 원리에 대한 명확한 답을 말할 수는 없습니다. 양자역학에 관한 연구 과정에서 "양자역학을 이해했다고 말하는 사람은 사실 양자역학을 전혀 이해하지 못한 것이다"라는 닐스 보어의 말에 담긴 의미처럼 보이지 않는 마음에 대해 이해했다고 명확한 답을 말하기는 어려울 것입니다. 그렇다고 어떤 답이 보이지 않는다고 하여 연구하지 않으면 공기 중에 있는 혼합된 기체를 찾을 수 없었을 것이며 우리가 산소를 마시며 숨 쉬고 사는 삶의 인과관계도 분석하지 못했을 것입니다. 이 책에서는 마음 작용의 분야별 관계에 대해 심도 있게 분석하고자 하였으니 마음이 작용하는 원리를 찾아가는 여정이라 생각하고 흥미롭게 접근하였으면 합니다. 마음 작용의 분야별 관계성에서는 마음의 작용 단계, 의식 무의식의 관계, 양자역학 원리와의 유사성, 심리 및 뇌 활동과의 관계 등을 연계하여 설명하고 있습니다. 마음 작용의 분야별 관계성을 개괄적으로 보여 주는 표 1-3-1에 연계하여 세부적인 분석은 계속되어 설명될 것이니 표를 참고하여 이해에 도움이 되었으면 합니다.

표 1-3-1 [마음 작용의 분야별 관계성]

구분	오온					내용
	색	수	상	행	식	
1단계 마음 작용	육체	오감	생각 표상	의지	인식	대상 사물(표상)과 이름을 인식하는 과정
	현세	현세	현세	현세	현세	현세에서의 오온 작용
2단계 마음 작용	형색	느낌	생각 인식	심리 감정	분별	대상 사물(표상)에 대해 분별하는 과정
	현세	현세 (과거)	현세 (과거)	현세	현세 (미래)	과거세 현세 미래세의 오온 작용
의식 구분	의식	무의식	의식	무의식	의식	반응 또는 인식 기준
양자역학 특성		파동 UP DOWN	입자 (관측)	파동	입자 (관측)	중첩 원리(UP, DOWN) 이중성의 원리(파동, 입자) 마음의 관찰자효과(관측 시 입자 상태)
심리 구분		이기	이기	이기	이기 이타	나 중심의 이기적인 관념이 자리함
뇌 활동과 관계		간뇌, 뇌간, 기저핵		변연계	대뇌 피질	폴 맥린의 두뇌 삼위일체설
		파충류		포유류	인간	
		본능		감정	분별 사고	

2장

마음을 구성하는
오온

마음은 어디서 어떻게 일어날까요? 마음을 어떻게 관찰할까요? 기원전 5세기경부터 불교 경전에서는 몸과 마음의 구성요소를 오온 '색수상행식(色受想行識)'이라 하여 마음 관찰이 이어져 오고 있습니다. 분야별 마음 분류 중 오온과 마음 작용의 관계부터 분석하는 이유는 앞서 1장 마음의 총괄 구조에서 살펴본 바와 같이 오온의 마음 작용이 종교, 심리, 철학, 과학(양자역학) 등 분야별 마음의 연결 고리 역학을 하고 있기 때문입니다. 종교적인 신념의 관계성보다는 학술적인 측면에서 오온의 마음 작용 원리를 이해하고 분야별로 연계하여 공부하다 보면 양자역학과의 관계 등 융합된 마음의 관계를 알아 가게 될 것입니다.

1. 오온이란

오온은 색수상행식(色受想行識)으로 몸과 마음의 구성요소라고 합니다. 인간의 몸과 마음을 구성하는 요소를 오온으로 세분화하고 있는 것입니다. 오온은 심오한 마음 작용으로 오온의 사전적 의미만을 보고 그 뜻을 이해하는 데는 어려움이 있을 것입니다. 그래서 평생 마음 공부를 해도 깨닫지 못하는 것이 오온의 마음이라 하기도 합니다. 인간의 마음이 오온의 구조 속에서 수시로 일어나지만, 그 마음을 알아차리지 못하고 사는 것이 일상이라는 것입니다. 오온에 대한 사전적 의미를 보고 마음을 깊이 이해할 수는 없더라도 이 책에서 반복되는 오온과 분야별 마음 작용의 관계를 연계해 공부하다 보면 마음 관찰에 도움이 될 것입니다.

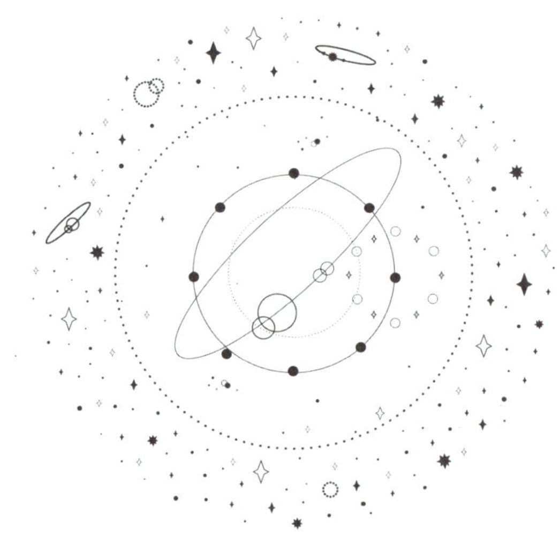

표 2-1-1 [오온의 사전적 해석]

'오온'은 불교에서 인간의 존재와 경험을 구성하는 다섯 가지 요소를 의미합니다.

오온은 색(色, 물질), 수(受, 느낌), 상(想, 표상), 행(行, 의지), 식(識, 의식)으로 구성되며, 이 다섯 요소는 각각 육체, 감각, 지각, 행동, 인식의 역할을 합니다. 불교에서는 이 오온이 모여 인간의 존재를 형성하지만, 그 어떤 요소도 고정된 자아나 실체가 아니라고 가르칩니다. 오온의 개념은 무아(無我)와 무상(無常)을 이해하는 데 중요한 역할을 하며, 이를 통해 집착에서 벗어나 해탈에 이르는 길을 제시합니다. 오온의 각 요소는 다음과 같습니다.

색온(色蘊): 물질적 형태, 즉 육체와 외부 환경의 모든 물질을 포함합니다.

수온(受蘊): 감각이나 느낌, 유쾌한 느낌, 불쾌한 느낌, 중립적인 느낌을 포함합니다.

상온(想蘊): 지각과 인식, 대상을 구별하고 개념화하는 작용입니다.

행온(行蘊): 의지나 심리적 작용을 포함한 모든 정신 활동을 포괄합니다.

식온(識蘊): 분별하고 판단하는 의식 작용을 의미합니다.

불교에서는 이 오온이 상호 의존적이고 변화무쌍하며 고정된 본질이 없다는 점을 강조하며, 이를 '오온개공(五蘊皆空)'이라고 합니다. 이러한 이해를 통해 자아와 세계에 대한 집착을 버리고 궁극적인 깨달음에 이를 수 있다고 합니다.

※ 출처: 네이버

2. 마음의 작용 과정

인간의 마음은 어떻게 구성되고 어떻게 작용할까요? 최근 다양하고 복잡하게 얽혀 있는 사회 시스템에서 인간의 마음도 혼선을 일으키는 정도가 심각해지며 마음의 병으로까지 이어지는 사례가 빈번하게 발생하고 있습니다. 마음의 혼선에서 헤매는 이유는 마음의 구조와 작용 원리를 이해하지 못하고 분노의 감정 등 일어나는 마음에 휩싸이기 때문입니다. 마음 작용은 여러 가지 관계성이 있을 수 있으나 이 책에서는 마음을 구성하는 오온을 바탕으로 마음이 작용하는 과정을 1단계와 2단계로 대분류하여 분석하였습니다. 앞서 마음의 총괄 구조에서 살펴본 분야별 마음 작용에 대한 분석을 위해서는 꼭 이해해야 할 과정입니다.

가. 1단계 마음 작용

구분	오온					내용
	색	수	상	행	식	
1단계 마음 작용	대상	오감	생각 표상	의지	인식	대상 사물(표상)과 이름을 인식하는 과정
	의식	무의식	내면 의식	무의식	의식	**(언어의 의식 세계와 연계성이 큼)**

색(대상): 대상으로 고양이가 있음(대상 사물 및 그림 등)

수(오감): 오감 반응으로 받아들임(오감 눈으로 고양이 형상 받아들임)

상(생각): 생각(표상)이 매칭됨(고양이인지 여부는 알지 못하나 (식)으로 가는 과정)

행(의지): 무엇인지 알고자 하는 **의지** 생김(표상이 무엇인지 알고자 함)

식(인식): 사물이나 대상의 이름과 이미지를 **인식함**(보이는 형상이 고양이라고 인식함)

1단계 마음 작용 사례를 서술하여 설명하면 현세에서 고양이라는 사물을 인식하여 가는 과정입니다. 대상으로 있는 고양이 (색)을 오감 (수)에서 받아들여 (상)에서 생각(표상)이 연계되며 (행)에서 무엇인지 알고자 하는 의지가 생겨 (식)에서 고양이라고 인식하는 과정입니다.

나. 2단계 마음 작용

구분	오온					내용
	색	수	상	행	식	
2단계 마음 작용	대상	느낌	생각 인식	감정 심리	분별	대상 사물(표상)에 대한 느낌 인식 및 감정이 연계되어 분별하는 과정 **(감정의 무의식 세계와 연계성이 큼)**
	의식	무의식	내면 의식	무의식	의식	

색(대상): 대상으로 고양이가 있음
수, 상(느낌, 인식): 느낌(좋음 or 나쁨)과 **인식(생각)** 연계(수, 상 직접적 동시적으로 연계함)
- 고양이 표상을 인식하면서 좋고 나쁜 느낌 반응함(세밀한 이미지는 아님)
행(심리): (수)의 1차적 느낌에 의거, **(행)의 2차 감정 심리 반응** 일어남
- 고양이에 대해 좋고 나쁜 느낌에 따라 기쁨 또는 두려운 감정이 일어남
식(분별): 분별 및 통제
- 고양이가 좋아서 안아 주거나 두려워서 피하는 분별의 행동을 함

2단계 마음 작용 사례를 서술하여 설명하면 대상 사물 고양이 (색)을 보면서 (수)(상)이 직접적 동시적으로 연계해 고양이에 대해 좋고 나쁜 느낌 인식이 작용하여 (행)에서 기쁨 또는 두려움의 감정이 일어나 (식)에서 안아 주거나 두려워 피하는 분별의 행동을 하는 과정입니다. 참고로 2단계 마음 작용은 고양이라는 사물을 이미 알고 있던 상태에서 인식 분별하는 것입니다.

3. 마음의 성립 과정

　　마음의 성립은 오온 중 (식)의 인식 분별로 나타나며 대뇌피질이 발달한 인간에게서 구분하는 마음 작용입니다. 인간은 다른 생명체와 다르게 본능이나 감정의 단계를 넘어 사고 통제 및 고차원의 창의적인 활동을 하고 있으며 언어 문자와 연계하여 인식하고 분별하는 대뇌피질 영역의 기능이 활성화되어 있습니다. 특히 사고 및 통제의 기능이 활성화된 전두엽과 언어의 이름과 의미를 인식 분별하고 사용하는 베르니케 브로카 영역이 발달해 있다고 합니다. 인간이 다른 생명체보다 발달한 대뇌피질 영역은 언어 문자의 활용과 밀접한 관계성이 있으며 오온 중 (식)의 인식 분별과 관련한 의식 활동 영역과 유사한 마음 작용이라 할 것입니다. (식)의 의식 영역에서 언어 문자의 사용과 밀접한 관계에 의거하여 인식하고 분별하는 마음 작용이 성립하는 것입니다. 오온 중 (식)의 인식 분별로 이어지는 마음의 성립 과정을 앞서 설명한 1단계 마음 작용, 2단계 마음 작용 사례와 뇌 활동과의 관계와 연계하여 살펴보고자 합니다.

가. 대상(사물)의 이름을 인식하는 과정

구분	오온					내용
	색	수	상	행	식	
1단계 마음 작용	대상	오감	생각 표상	의지	**인식**	대상 사물(표상)과 이름을 인식하는 과정 (언어를 배우는 과정 포함)
	현세	현세	현세	현세	현세	
뇌 활동과 관계		간뇌, 뇌간, 기저핵		변연계	**대뇌 피질**	* (식)은 대뇌피질 활동과 연계성이 큼

    대상(사물)을 인식하는 과정은 주로 1단계 마음 작용으로 어떤 대상이나 사물에 대해 기표 이름을 연계하여 오온 중 (식)의 영역에서 인식하는 과정입니다. 사물의 이름을 인식하고 의미를 알아 가는 것은 대뇌피질의 브로카 베르니케 영역이 주로 활동한다고 합니다. 대상 사물의 기표 이름 및 의미를 언어와 연계하여 인식하고 배워 가는 1단계 마음 작용은 인간이 현세에 태어나 언어의 구조주의 세계로 들어가는 과정에 해당합니다. 대상 사물의 기표 이름 및 의미를 인식하여 가는 과정을 살펴보면 사물 (색)을 오감 (수)에서 받아들여 (상)에 표상이 연계되고 대뇌와의 피드백 과정을 거쳐 그 사물이 무엇인지 알고자 하는 반응 의지가 (행)에서 일어나 (식)에서 사물의 기표 이름과 의미 및 이미지를 인식하는 과정입니다. 마음의 성립 과정에서 주의 관찰할 사항은 마음을 구성하는 오온은 독자적이 아니라 서로 연계되어 이루어지듯이 뇌 안에서 각각의 영역도 서로 주고받는 피드백 작용이 계속 이루어진다는 것입니다. 사례로 뱀의 그림 (색)이 오감 (수)로 입력되어 (상)의 생각 표상에 연계되고 대뇌피질 영역과 이미지에 대한 피드백이 이루어지며, 무엇인지 배우고자 하는 의

지가 (행)에 일어나 표상의 이름이 뱀이라고 (식)에서 인식한다는 것입니다. 즉 대상 사물을 이름 지어 분별 인식하는 것은 오온이 서로 간 연계되어 이루어지는 과정을 거치며 (상)의 뭉뚱그린 이미지가 (식)의 대뇌피질 영역에 세밀한 이미지로 새겨지며 사물이나 얼굴을 구분하는 것으로 보입니다.

1) 사물의 이미지 인식 차이 분석 의견

오온 중 (상)(식)은 대상 사물의 표상을 인식 분별하는 의식의 기능이 있다는 것을 앞서 1단계 2단계 마음 작용 과정에서 설명하였습니다. 그렇다면 대상 사물을 인식 분별하는 과정에서 (상)의 표상 인식과 (식)의 분별 인식의 기능에는 어떤 차이가 있을까요? 의식적인 마음 활동의 관찰을 위해서는 (상)의 내면 의식과 (식)의 의식에 대한 의문이 있을 것이기에 (상)(식)의 대상 사물 인식 관계를 분석해 보고자 합니다.

오온 중 (식)에서는 언어로 표기되는 기표 이름과 연계하여 사람의 얼굴 및 사물의 이미지를 세밀하게 인식 분별하고 (상)에서는 생존본능에 의한 큰 이미지의 형태를 빠르게 인식하는 것으로 보입니다. 사람의 얼굴을 이름과 연계해 분별하는 등 대상을 세밀하게 분별 인식하는 것은 (식)의 영역과 관계성이 크고 생존본능과 연계된 빠른 이미지 인식은 마음 깊은 곳 (상)의 내면 의식과 연계성이 크다는 것입니다. 즉 (식)의 영역에서 언어의 기표 이름과 관계된 사물의 분별 인식이 세밀하게 연계되고 (상)에서는 뭉뚱그린 큰 이미지가 연계된다는 것입니다. (상)에서 뭉뚱그린 큰 이미지가 먼저 인식되는 이유는 (식)에서 세밀한 이미지 인식 분별 전에 빠르게 생존본능이 작용하기 때문으로 보입니다.

(상)의 생존본능이 먼저 인식되는 사례로 어두운 길거리 저 멀리 나무 토막을 보고 무엇인지 세밀히 알지는 못하지만 (수)(상)에서 생존본능의 느낌 인식이 작용하여 (행)에서 두려움이 일어난 후 가까이 가 보니 (식)에서 나무토막이라는 것을 분별 인식하여 두려움이 소멸하는 경우입니다. 밤길 나무토막 사례는 (상)에서는 뭉뚱그린 이미지가 빠르게 생존본능에 연계되고 (식)에서는 언어의 기표 이름 등에 연계하여 사물을 분별 인식하는 세밀한 이미지가 연계되는 과정을 보여 주고 있습니다. 1단계 2단계 마음 작용 과정 및 마음의 성립 과정에서 (상)의 표상 인식과 (식)의 분별 인식 이미지에 대한 혼선이 있을 수 있다고 판단되어 저자의 분석 의견을 설명하는 것이니 참고가 되었으면 합니다.

나. 대상(사물)에 대해 분별하는 과정

구분	오온					내용
	색	수	상	행	식	
2단계 마음 작용	대상	느낌	생각 인식	감정 심리	**분별 사고**	대상 사물(표상)의 느낌 인식에 의거하여 감정이 일어나 분별하는 과정(느낌 및 감정이 분별로 연계되는 과정)
	현세	현세 **(과거)**	현세 **(과거)**	현세	현세	
뇌 활동과 관계		간뇌, 뇌간, 기저핵		변연계	**대뇌 피질**	* (식)은 분별 사고와 연계성이 큼

2단계 마음 작용은 어떤 대상 사물에 대한 느낌, 인식, 감정에 의거해 분별 사고 통제하는 과정으로 1단계 마음 작용 (식)에서 대상 사물의 기표

이름이나 의미를 인식하는 과정과는 차이가 있습니다. 2단계 마음 작용 성립 과정을 분석해 보면 일반적으로 (수)의 좋고 나쁜 느낌이 과거세 및 현세에서 조합된 (상)의 생각(표상) 인식과 직접적 동시적으로 연계하여 (행)의 감정 등 심리 작용을 일으키고 (식)을 통해 분별의 행동을 하는 과 정입니다. 이때 오온 중 (식)의 분별은 (행)의 심리에 의거 감정을 표출하 거나 통제할 수 있는 분별 의식이라고 할 수 있습니다. (수)(상)의 느낌 인 식이 (행)의 감정 반응을 일으켜 (식)의 분별 행동으로 이어지는 것이 보 편적이나 (식) 의식이 깨어 있는 정도에 따라 감정에 따라다니는 분별의 행동을 통제할 수도 있을 것입니다.

사례를 접목해 살펴보면 등산로 길에서 뱀을 보았을 때 뱀(색)을 보는 순간 (수)(상)에서 생존본능이 연계되어 위험하다는 인식과 나쁜 느낌이 작용하여 (행)에서 두렵다는 감정의 무의식 반응이 일어나 (식)에서 피해 야 한다는 분별의 행동으로 이어지는 과정입니다. 그런데 뱀 앞에 자녀가 지나가려고 한다면 피하기보다는 어떻게든 뱀을 공격할 수도 있을 것입 니다. (행)에서 일어나는 두려움의 무의식 감정에 (식)의 의식이 잠식될 수도 있으나 (식)의 사고 의식에 의거하여 감정이 통제될 수도 있다는 것 입니다.

다. 대상(사물)의 분별에서 벗어나는 과정

오온 중 (색)(수)(상)의 활동이 (행)의 감정이나 (식)의 분별로 이어지지 않는 상태를 말합니다. 즉 어떤 사물의 외부 대상이 (수)의 오감으로 들어 와 (상)의 표상에 머물러 (행)(식)에서 감정이나 분별로 이어지지 않는 고요한 상태가 유지되는 상황을 의미합니다. (식)에서 작용하는 언어의 기표 이름이나 의미 분별이 내려앉은 상태로 사물의 표상들만 스치듯 인식되며 지나가는 과정이며 사실상 오온의 마음이라고 할 수 없는 지나가는 것들입니다. 이때는 (수)의 기능이 좋고 나쁨의 느낌이 아닌 받아들이는 (수) 오감의 작용을 한다고 할 것입니다.

홀로 산책할 때 보편적으로 숲이나 나무들의 형상을 보면서 이름이나 의미를 하나하나 인식하려 하거나 분별하지 않고 고요하게 지나치는 상황을 상상해 보시지요. 숲길을 산책할 때 고요하고 편안함을 느끼는 것은 (행)(식)에서 일어나는 감정이나 분별이 가라앉기 때문이라는 것입니다. 즉 산책 시 오온 중 (행)의 부정적 감정이나 (식)의 분별이 일어나지 않는 정적인 상태를 유지하는 것을 대상(사물)의 분별에서 벗어나는 과정으로 구분한 것입니다. 단지 산책길을 무의식적으로 걸어가도 숲의 나무들과 부딪히지 않는 것은 오감과 (상)(식)의 사물 인식 기능은 유지되고 있다는 것을 알 수 있습니다.

참고로 반야심경에서 관자재보살이 깊은 수행을 할 때 오온이 공한 것을 보셨다는 말씀은 고도의 수행으로 대상의 분별에서 온전히 벗어난 공한 상태를 의미하는 것으로 해석되며 겸허한 마음을 갖게 합니다. 이 책의 분별에서 벗어나는 과정이 불교 수행에서 말하는 공의 깊은 상태까지 의미하는 것이 아니니 이해가 필요한 부분입니다. 그래도 감정이나 분별에 휘말리지 않으려는 마음 관찰은 계속 이어 가야 할 과제라 할 것입니다.

4. 마음의 성장 과정

인간으로 태어날 때부터 마음이 온전하게 성숙 되어 있는 사람은 없을 것입니다. 인간만이 아니라 대다수 생명체는 태어나 경험하고 학습하며 생존하여 가는 것이 보편적입니다. 그렇다면 인간의 마음은 어떻게 성장하여 갈까요? 인간의 마음이 성장하여 가는 과정을 알면 상황에 따라 어떻게 대처해야 하는지 지혜로운 방편을 찾을 수 있지 않을까요? 인간이 태어나 어른이 될 때까지 마음의 성장 과정을 살펴보고자 합니다.

가. 영아기

영아기 때는 생존본능의 마음이 작용하는 시기로 오온 중 본능과 연계된 (수)(상)의 활동을 주로 하며 (행)(식)에서 일어나는 심리 작용이나 분별은 미성숙한 상태입니다. 즉 유전적으로 이어지는 생존본능 활동을 주로 하며 (행)(식)에서 일어나는 심리 작용에 의한 분별 의식이 발달하지 못했다는 것입니다. 외부 대상인 엄마를 보면서 엄마 품 안에서 편안하게 반응하는 것은 엄마라고 알아보는 (식)의 분별 의식보다는 주로 (수)(상)의 생존본능 느낌 인식에 유전적으로 이어지는 연계성이 있다고 할 것입니다. 영아기 때 배고프다고 우는 것은 오온 중 (수)(상)의 영역에서 먹어야 살 수 있다는 생존본능 활동을 하는 것입니다. 즉 (수)(상)의 영역에도 생존과 관련해 울음을 터트리도록 하는 운동신경이 연계되어 작용하고 있다는 것입니다. 오온 중 (식)의 영역이라는 대뇌피질이 발달되지 않았기에 분별 의식보다는 무의식적 활동이 주로 이루어지며 어떤 환경에 대해 안전한지, 불안한지 등 생존본능에 의거하여 주변 환경을 조금씩 인지해 가는 시기입니다. 영아기 때는 오로지 (수)(상)의 생존본능 활동이 주로 작용하기 때문에 무의식 속 내면 의식 (상)의 인식에 불안 요인보다 안정감을 주는 것이 매우 중요하다고 할 것입니다. 영아기 때는 배고플 때 얼른 젖을 주고 엄마의 품에 아이를 포근히 안아 주는 등 세상에 대해 믿음과 안정감을 주어야 (수)(상)에서 작용하는 생존본능의 느낌 인식에 편안하고 긍정적인 이미지를 심어 줄 수 있으며 성장 과정에서 심신의 뿌리 역할을 할 수 있을 것입니다.

나. 유아기

유아기는 나 중심의 본능에 기반해 외부 대상 및 사물을 인식하고 언어를 연계해 배워 가는 단계로 오온 중 (색)(수)(상)의 본능 활동 및 (색)(수)(상)(행)(식)의 분별 인식 활동이 조화를 이루며 작용합니다. 세상에서 접하는 대상 사물의 형상 (색)이 (수)의 오감으로 들어와 (상)에 표상으로 연계되고 (행)에서 언어를 배우고자 하는 의지가 수반되기 시작하며 (식)에서 사물의 이미지에 기표 이름까지 연계하여 배워 가는 시기입니다. 이때는 주로 그림 등 사물의 형상을 보며 무엇인지 인식하려 하는 의지가 진행되다가 사물의 형상과 이름을 조합하여 인식하는 1단계 마음 작용이 주로 일어나는 시기입니다. 언어와 관계하는 대뇌피질이 빠르게 발전하여 언어를 배워 소통하려고도 합니다. 대상 사물을 오감으로 받아들여 형상을 인식하는 과정에서 처음에는 (색)(수)(상)의 표상을 인식하는 본능적인 활동을 하다가 (행)의 배우고자 하는 의지가 생기며 (식)에서 기표 이름을 인식 분별하는 오온의 마음 작용을 한다는 것입니다. 이때 마음 작용을 단순하게 표현하면 언어를 배우기 시작하는 과정이라고 할 수 있습니다. 오온 중 (수)(상)에서 작용하는 본능의 자기중심적 기반 위에 언어 등 외부 환경을 받아들이는 시기로 나 중심의 사고가 커지며 고집을 많이 부리는 시기라고도 합니다. 우리나라 속담에 '미운 네 살'이란 말이 있을 정도로 고집을 부린다고 합니다. 또한 세 살 버릇 여든 간다는 속담은 유아기 무렵 (수)(상)에서 느끼고 인식하는 관념이 얼마나 중요한지를 옛적부터 알려 주는 것이라 할 것입니다.

※ 색수상 본능 활동(영아기 → 유아기)

색(대상): 대상으로 고양이(그림)가 있음(대상 사물)
수(오감): 오감 반응으로 받아들임(눈으로 고양이 형상 받아들임)
상(생각): 생각(표상)이 매칭됨(고양이 형상은 맺히나 이름으로 세분하여 구분하기 어려움)

※ **색수상행식 인식 분별 활동(유아기 → 어린 시절)** - 언어를 배워 가는 과정이 해당함

색(대상): 대상으로 고양이(그림)가 있음 (대상 사물)
수(오감): 오감 반응으로 받아들임(눈으로 고양이 형상 받아들임)
상(생각): 생각(표상)이 매칭됨 (고양이인지는 알지 못하나 (식)으로 가는 과정)
행(의지): 무엇인지 알고자 하는 **의지**(보이는 형상이 무엇인지 알고자 함)
식(인식): 대상 사물의 이미지 및 이름을 **인식**함(보이는 형상이 고양이라고 인식함)

다. 어린 시절

어린 시절에는 오온 중 (수)(상)에서 작용하는 나 중심의 본능적 욕구에 기반하여 (행)에서 감정이 일어나 고집을 많이 부리기도 하나 (식)의 분별 의식이 사회 통제 시스템에 의한 구성원으로 배우며 성장해 가는 시기입니다. 또한 언어의 기표 이름만이 아니라 그 의미와 관계성까지 문자를 활용해 배웁니다. 유아기에서 어린 시절로 오면서 언어의 뜻과 이해에 관심이 커지며 구조화된 언어의 시스템에 적응해 가기도 합니다. 아직 천방지축인 시기로 나 중심의 무의식적 욕구 감정에 의한 행동이 통제 없이 의식을 잠식하여 표출되는 경우가 빈번히 일어나기도 하나 무의식의 욕구 활동을 통제하고 절제할 수 있도록 하는 의식의 힘을 조금씩 더 키워 가는 시기이기도 합니다. 건널목에서 녹색 신호등이 들어올 때까지 기다리는 등 오온 중 (식) 의식의 힘을 조금씩 키워 가며 사회규범을 배워 가

는 시기로 전두엽의 통제 기능이 많은 성장을 한다고 할 것입니다.

어린 시절은 나 중심의 본능적 욕구 때문에 일어난 감정이 분별 행동으로 빈번하게 이어지는 시기이므로 (수)(상)에서 작용하는 나 중심의 관념에 올바른 선입견을 품도록 하는 경험 및 학습이 중요할 것입니다. 5월 5일 어린이날을 공휴일로 정하여 어린이의 마음을 펼치게 하는 것도 유아기나 어린 시절 (수)(상)에 쌓이는 관념의 중요성을 이미 알고 있었던 것이 아닐까요? 어린이가 나라의 미래라는 것을 이미 예로부터 인식하고 있었다는 것입니다. 참고로 어른이 되어서 배우는 외국어 공부는 모국어와 연계되어 혼란을 준다고 합니다. 유아기 및 어린 시절 언어 습득이 자연스럽게 진행되는 것은 오온 중 (식)의 영역이 다양한 분별 집착에 고착화하지 않아서인 것으로 보입니다. 즉 (식)의 분별 영역이 복잡하게 고착화하기 전 유아기 및 어린 시절은 대뇌피질 영역에서 언어의 이름과 의미에 대해 배우는 인식이 많은 성장을 하는 시기이기도 합니다. 마음에 관념이 배이고 언어의 습성이 쌓이는 중요한 시기이므로 부모 싸움 등 폭력적인 환경은 특히 멀리해야 할 때입니다.

라. 청소년기

청소년기에는 언어의 기표 이름 및 뜻의 이해뿐만이 아니라 무형의 언어 의미까지 관심이 커지는 시기입니다. 한 예로 사랑이라는 무형의 언어에 많은 관심을 두기도 합니다. 사랑이란 이름에는 심오하고 다양한 감정들을 내포하고 있듯이 청소년기는 오온 중 (행)의 영역에서 다양한 감정이 풍부하게 형성되며 많은 감정이 오고 가는 시기입니다. 감정의 폭력으로 인한 왕따 등 서로 간의 관계에서 통제되지 않는 사고가 빈번히 발생하기도 합니다. 청소년기 감수성이 예민하다는 것은 가정이나 학교 등 많은 사례에서 보여 주고 있습니다. 이때는 어떤 외부 환경에 대한 (수)(상)의 느낌 인식이 예민하게 작용하여 (행)의 감정 변화를 크게 일으킨다는 것입니다.

영유아기부터 어린 시절 초기까지 (수)(상)에서 나 중심의 생존본능 욕구 활동이 큰 비중을 차지했다면, 어린 시절 중후기부터 청소년 시절에는 (수)(상)에서 이기고 지고의 보상심리 탐욕이 크게 발달하는 시기입니다. 또한 무의식적으로 일어나는 감정을 통제할 수 있는 전두엽 기능이 아직 온전히 성숙 되지 않아 분노가 일어날 시 거침없이 크고 작은 사고를 일으키기도 합니다. 이유는 (행)에서 폭발적으로 일어나는 무의식 반응, 동물적 분노 감정을 (식)의 의식에서 통제하지 못하기 때문입니다.

청소년기 폭력 행위의 원인을 찾아가 보면 성장 과정에서 생존이나 탐욕의 본능과 연계되어 상처받은 이유가 일반적이라고 합니다. 영유아기 및 어린 시절 가족을 포함한 주변 환경으로부터 폭력 등 생존을 위협받는 요인에 노출이 심각할 때 성장하면서 생존을 위한 방법으로 폭력적인 행동을 할 수 있다는 것입니다. 또한 어린 시절부터 청소년기 이기고 지고의 비교 탐심을 극단으로 자극할 때 충족하지 못한 탐욕의 에너지가 쌓여 (행)에서 분노 감정을 일으키고 (식)에서 폭력 행위를 하는 어리석은 분별 행동으로 이어지기도 합니다. 생존본능이 심각하게 위협받는 주변 환경이나 극심한 경쟁에 노출되어 좌절이 반복되는 경우 욕구의 기준을 충족하지 못해 억눌려 있는 욕망 에너지가 쌓여 분노 감정이 폭발하는 폭력 행위로 이어진다는 것입니다. 그러기에 청소년기에는 무조건 높은 목표의 경쟁으로 몰아가며 자존감을 떨어트리는 어리석은 가르침보다는 인정과 칭찬이 오고 가는 가정환경은 물론 학교 분위기 조성이 중요하다고 할 것입니다.

마. 성년기

성년기도 청소년기와 같이 오온의 마음 작용 과정은 큰 차이가 없습니다. 단지 나이 들면서 무의식의 분노 감정이 일어난다고 해도 폭력으로 진행하지 않도록 통제하는 의식의 힘이 좀 더 성숙 되어 있습니다. 즉 성년기는 (색)(수)(상)에서 작용하는 탐욕의 에너지가 쌓여 (행)에서 분노로 일어날 시 (식)의 의식에서 감정 표출을 통제하는 능력이 향상되어 있다는 것입니다. 하지만 성년기에도 사회적으로 문제가 되는 사건 사고가 빈번히 일어나는 이유를 분석해 보면 영유아기부터 청소년 시절까지 폭력적인 상황에 노출된 환경에서 성장했던 경우가 대다수라고 합니다. 그만큼 성장 과정에서의 환경이 무척 중요하므로 마음의 성립과 성장 과정을 관찰하면서 가정이나 학교생활의 문제점을 찾아내고 분석하여 해결점을 찾아가려는 노력이 필요한 것입니다. 영아기 때 생존본능 욕구에 믿음을 주는 부모의 행동이 이어질 시 세상에 믿음의 뿌리가 심어질 것이고 유아기와 어린 시절 언어의 세계로 들어오는 과정에서 부정적인 언어보다는 긍정적인 대화가 중요하다 할 것입니다. 청소년기에는 자존감을 올려 주는 감정의 순화가 중요하기에 강압적이기보다는 부드러운 대응을 하도록 노력해야 할 것입니다.

3장

마음(오온)과
의식 무의식의 관계

1890년대 후반 오스트리아 출신 정신과 의사 프로이트가 마음을 의식
과 무의식으로 구분한 자료들은 그 후 정신분석 등 다양한 분야에서 연구
되어 오고 있습니다. 프로이트의 주장에 따르면 인간의 마음에는 '무의식'
이라는 것이 존재하는데 무의식은 의식되지 않는 것으로 무의식 속에는
마음속 깊이 억압된 사고와 감정, 기억들이 저장되어 있다고 합니다. 이
러한 무의식은 직접 알 수 없지만, 행동으로 추측하는 억압된 사고와 감
정이라 하여 꿈의 해석 등을 통해 전달되어 오고 있습니다. 그런데 무의
식을 억압된 사고와 감정의 공간으로 한정한다면 육체의 오감을 포함한
마음 작용이 수시로 일어나는 일상에서 마음을 관찰하는 데 장애 요인이
될 수도 있을 것입니다.

심장이 의식해야 뛰나요? 걸을 때 꼭 의식해야 걸을 수 있나요? 만일 호
랑이를 보았을 때 즉각 일어나는 생존 위협 느낌과 두려운 감정도 무의식
적 반응이지 않을까요? 헤아릴 수 없는 무의식의 세계를 확인하는 데는
한계가 있을 수밖에 없지만 일상에서 무의식과 연계된 사례들을 찾아보
면 마음 관찰에 도움이 될 수 있을 것입니다. 이 책에서는 의식 무의식의
구분 개념을 마음 작용과 연계하여 다시 정의하고 다양한 관점에서 분석
하고 있으니 마음의 작용 원리를 이해하는 데 도움이 되었으면 합니다.

1. 의식과 무의식의 구분

이 책에서 정의하는 의식 무의식의 구분 정의 개념은 마음 관찰의 핵심 내용입니다. 철학 과학 종교 심리 분야별로 해석되는 마음 작용의 관계 분석을 위해서 꼭 이해해야 할 부분입니다.

표 3-1-1 [의식 무의식의 구분]

※ 의식 무의식 구분 정의

어떤 대상이나 사물, 표상을 인식하고 분별하는 것을 **'의식'**이라 하고, 어떤 대상이나 사물, 표상에 대해 반응하는 의지 및 느낌 감정 심리 현상을 **'무의식'**이라 이 책에서 정의합니다.

인간은 태어나 안(눈), 이(귀), 비(코), 설(입), 신(촉감)의 감각기관이 작용하며 생명의 의식 활동을 유지하고 있습니다. 표 3-1-1 [의식 무의식의 구분]을 오감과 연계하여 살펴보면, 오감에 의거하여 어떤 사물이나 대상을 인식 분별할 때 **의식**이라 하고 오감에 반응하는 느낌 감정 등 무형의 심리 현상을 **무의식**이라 정의하고 있습니다.

사례로 등산로에서 뱀을 보고 뱀이라 인식 분별하는 것을 의식이라 하고 뱀을 보며 위험하다는 느낌 및 두려운 감정의 반응이 일어나는 것을 무의식적 반응으로 보는 것입니다. 즉 어떤 대상이나 사물 표상을 인식 분별하는 것은 의식, 어떤 대상이나 사물 표상에 대해 반응하는 의지 감정 심리 반응은 무의식으로 구분하는 것입니다.

　참고로 오온과 연계하여 의식과 무의식의 관계를 구분하는 것은 마음이 작용하는 원리를 관찰하기 위한 것입니다. 사실상 의식 무의식이 독자적이 아니라 상호 교차하는 구조 속에 연계되어 작용하고 있는 것은 앞서 마음의 원형 구조에서 살펴보았습니다. 의식과 무의식은 독자적이 아니라 서로 협조 및 대립하며 마음 작용을 일으킨다는 것입니다. 의식의 목적지를 향해 무의식적으로 걸어가는 행위는 의식 무의식의 협조 관계 사례이며 무의식의 욕망과 의식의 통제가 부딪히는 것은 의식 무의식의 대립 관계 사례라고 할 것입니다. 단지 정신적으로 깊은 무의식은 수면 위로 올라오지 않고 가라앉아 있기에 확인하기가 힘든 것일 뿐입니다.

2. 마음과 의식 무의식의 관계

기원전 5세기경부터 불교에서는 몸과 마음을 구성하는 다섯 가지 구성 요소 색수상행식을 오온이라 하여 경전으로 이어져 오고 있습니다. 또한, 인간의 마음을 의식과 무의식으로 구분한 것은 1890년대 후반 오스트리아 출신 정신과 의사 프로이트가 주장하면서부터 시작되어 오고 있다고 합니다. 몸과 마음을 구성하는 오온의 다섯 가지 구성요소와 의식 무의식의 마음 구분은 모두 마음을 세분화하여 분석한 것으로 정신분석 등 마음 공부의 중요한 지침이 되고 있습니다. 이 책에서는 오온의 마음 구조와 의식 무의식의 구분 정의 개념을 바탕으로 종교, 철학, 심리, 과학(양자역학) 분야별 마음의 관계를 연계하여 설명하고 있으니 오온과 의식 무의식의 마음 작용 과정을 꼭 이해하고 단계별로 마음이 작용하는 원리를 분석해 갔으면 합니다.

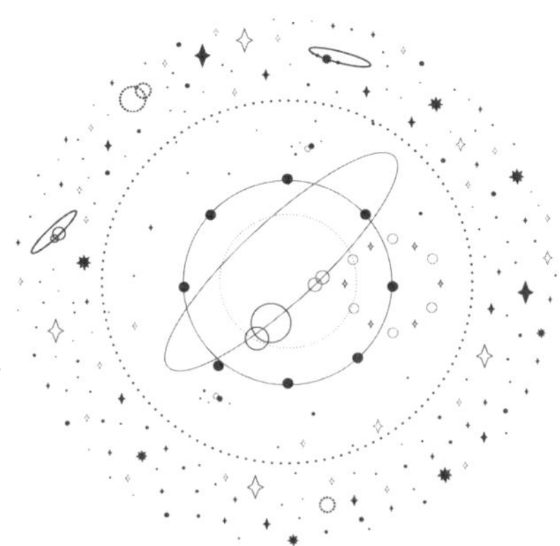

표 3-2-1 [마음(오온)과 의식 무의식의 관계]

구분	오온					내용
	색	수	상	행	식	
1단계 마음 작용	육체	오감	생각 표상	의지	**인식**	대상 사물(표상)과 이름을 인식하는 과정
	현세	현세	현세	현세	현세	현세에서의 마음 작용
2단계 마음 작용	형색	느낌	생각 인식	심리 감정	**분별**	대상 사물(표상)의 느낌 인식 감정에 의거 분별하는 과정
	현세	현세 (과거)	현세 (과거)	현세	현세 (미래)	과거세 현세 미래세가 연계된 마음 작용
의식 구분	의식	**무의식**	**내면 의식**	**무의식**	의식	**인식 분별(의식), 심리 반응(무의식)**

※ **오온과 의식 무의식의 관계**
색: 의식(육체, 형색) ---------- 오감의 **인식** 대상
수: **무의식**(오감, 느낌) -------- 오감으로 받아들임, 좋고 나쁨 **느낌 반응(1차 반응)**
상: 내면 **의식**(생각, 인식) ----- 생각(**표상**), 생각(**인식**)
행: **무의식**(의지, 감정) -------- 의지, **감정 심리 반응(2차 반응)**
식: **의식**(인식, 분별) ---------- 대상을 **인식, 분별**(통제 및 이타적인 기능도 있음)

그림 3-2-1 [마음(오온)과 의식 무의식의 원형 구조]

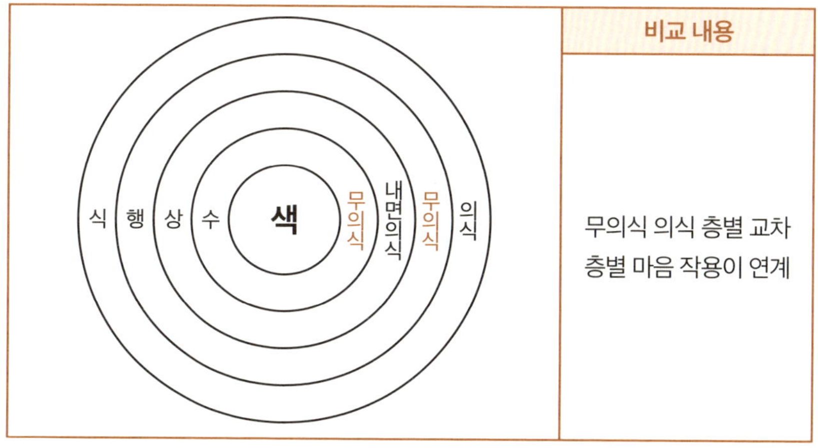

비교 내용
무의식 의식 층별 교차 층별 마음 작용이 연계

이 책에서 어떤 대상이나 사물, 표상을 인식하고 분별하는 것을 '**의식**'이라 하고, 어떤 대상이나 사물, 표상에 대해 반응하는 의지 및 느낌 감정 심리 현상을 '**무의식**'이라 정의하고 있습니다.

표 3-2-1 [마음(오온)과 의식 무의식의 관계]를 요약하여 설명하면 오온 중 색(육체, 형색), 상(생각, 인식), 식(인식, 분별)은 대상을 인식 분별하는 형태로 '**의식**'에 해당하고 수(오감, 느낌), 행(의지, 감정, 심리 작용)은 대상으로 인한 반응 작용으로 '**무의식**'으로 구분하고 있습니다. 표에서 구분한 오온의 1단계 마음 작용과 2단계 마음 작용에 의식 무의식의 개념을 연계해 서술적으로 설명하여 의식 무의식 및 오온의 마음 작용 관계에 대해 살펴보고자 합니다.

첫째, 오온 중 (색)은 오감이 응시하여 보이는 대상 사물 및 육체로 의식의 대상에 해당합니다.

둘째, 오온 중 (수)는 대상을 몸으로 받아들여 반응하는 오감 및 느낌 반응으로 무의식에 해당합니다. 1단계 마음 작용에서 (수)의 기능은 오감으로 받아들인다는 것이며 꼬집는 등 육체의 오감(촉감)으로 느끼는 (수)도 1단계 마음 작용에서 반응하는 것입니다. 2단계 마음 작용에서 (수)는 (상)의 생각 인식과 연계하여 작용하는 좋고 나쁨의 느낌 반응입니다.

셋째, 오온 중 (상)은 대상 사물에 대한 표상의 생각, 관념의 인식을 하는 단계로 의식에 해당합니다. 1단계 마음 작용에서 (상)은 (수)의 오감으로 받아들인 대상 사물의 이미지 생각(표상)이 연계되는 단계이며 (식)의 인식 분별로 가는 과정입니다. 2단계 마음 작용에서 (상)은 어떤 대상이나 사물의 표상에 대해 긍정적 또는 부정적 관념 등 생각(인식)하는 단계라 할 것입니다. 참고할 사항은 1단계 마음 작용은 유형의 이미지와 연계성이 크고 2단계 마음 작용은 무형의 생각과 연계성이 크다는 것입니다.

넷째, 오온 중 (행)은 무엇을 배우거나 행하고자 하는 의지 및 감정 등 심리 반응으로 **무의식**에 해당합니다. 1단계 마음 작용에서 (행)은 언어의 구조주의 틀로 들어가는 과정이 포함되며 어떤 대상 사물과 그 이름을 배우려 하는 등 의지와 관련성이 큽니다. 어떤 대상 사물이 오감으로 들어와 생각으로 (수)(상)에 생각으로 맺히는 표상이 무엇인지 알고자 하는 (행)의 의지 반응을 일으키는 과정입니다. 2단계 마음 작용에서 (행)은 어떤 대상이나 사물에 대해 (수)(상)에서 1차적으로 느끼고 인식한 좋고 나쁨에 의거하여 (행)에서 2차적 감정이 일어나는 심리 반응입니다.

다섯째, 오온 중 (식)은 어떤 대상의 이름이나 의미를 인식 분별하는 과정으로 **의식**에 해당합니다. 1단계 마음 작용에서 (식)은 오감으로 들어온 사물이나 대상에 대한 무엇인가 알고자 하는 (행)의 의지에 의거 그 대상의 이름이나 의미를 인식하는 과정입니다. 2단계 마음 작용에서 (식)은 (행)에서 일어난 감정 등 심리 작용에 의거 분별 행동하는 과정입니다. (식)의 의식은 오감 및 오온에 의한 인식 및 분별 작용 이외에 (식) 자체의 깨어 있는 의식에 의한 통제 및 사고 기능이 있기도 합니다.

3. 일상 사례에서 보는 의식과 무의식의 관계

우리가 사는 일상에서 의식과 무의식의 마음은 어떻게 연계되어 작용할까요? 또 생존본능과는 어떤 관계가 성립할까요? 잠잘 때, 꿈을 꿀 때, 의식이 오고 가는 큰 부상이 있을 때 의식 무의식이 어떻게 작용하는지 사례별로 살펴보고자 합니다.

가. 잠잘 때 의식과 무의식의 관계

인간만이 아닌 모든 생명체는 생존본능이 있고 육체의 생존을 위해서는 의식 무의식 모두 협조하고 있습니다. 심장박동, 호흡, 체온유지 등 생존을 위한 자율신경계의 무의식적 활동은 육체의 생존을 위해 필수적이기에 의식과 무의식은 서로 대립하지 않습니다. 오히려 몸에 좋은 건강식품을 먹으려 하는 등 생존을 위해서 의식과 무의식은 적극적 협조 관계에 있다고 할 것입니다. 생명체가 잠을 자지 않으면 살 수 없기에 잠을 자며 휴식을 취하는 것도 의식 무의식 모두 생존을 위한 타협의 산물입니다. 인간이 잠들었을 때 어떤 외부 대상을 인식하는 오감이나 분별 의식이 일부 쉬고 있으며 오감에 의거 반응하는 무의식의 심리 작용도 일부 쉬고 있다는 것은 우리가 잠을 잘 때 감정이 일어나거나 의식의 기억을 할 수 없다는 것만으로도 설명되고 있습니다.

과학적으로 잠자는 동안에도 대뇌피질의 신경세포 활동이 진행된다고 하는 것은 오감과 직접적으로 연계한 마음 작용이 아니기에 오감에 의거하여 감정 반응하는 (행)의 무의식과 인식 분별하는 (식)의 의식이 쉬고 있다는 것입니다. 인간은 하루에 오만가지를 생각한다는 속담이 있습니다. 그만큼 수많은 생각이 엉켜 있으며 그 생각을 정리하지 않는다면 뇌가 다음날 가야 할 길을 잃고 미로에서 헤맬 수도 있을 것입니다. 그래서 잠자는 동안은 새로운 정보를 받아들이지 않는 것으로 보이며 잠을 자는 동안 오감에 의한 분별 인식은 쉬고 있어도 한편에서는 하루의 생각들을 정리정돈하는 작업이 이루어지기에 잠을 자고 나서 하루의 일과를 다시 시작할 수 있다고 보는 것입니다. 잠을 자지 못하면 다음 날 몽롱하여 제대로 일하지 못하는 것은 잠을 자지 못해 뇌 한편에서 전날 일들을 정리정돈하지 못했기에 복잡한 미로에서 헤매는 상태라는 것입니다. 이렇게 인간이 잠잘 때 오감과 직접적으로 연계되어 대상을 인식 분별하는 (식)의 의식과 감정 반응하는 (행)의 무의식 활동은 쉬고 있으나 (수)(상)에서 느끼고 인식하는 생존본능은 쉬지 않고 활동하고 있는 것으로 보입니다. 마음 깊은 곳 (수)(상)의 생존본능 활동은 잠잘 때도 쉬지 않는다는 것입니다. 잠을 자다가 민감한 소리에 깜짝깜짝 깨는 것은 오감에 의한 의식이 전부 쉬는 것이 아니라 (수)(상)에 연계된 생존본능 영역에서 내면 의식의 활동을 하고 있다는 것을 보여 주는 사례라고 할 것입니다.

잠잘 때 오감의 작용과 의식 무의식 관계에 대해 살펴보겠습니다.

1) 잠잘 때 오감 중 눈(안)은 눈꺼풀을 덮고 깊이 쉽니다

인간이 잠들었을 때 오감이 외부로 향한 대상 물질을 보려고 하거나 인식하려 하지 않는 것은 대상을 인식 분별하는 의식 (식)이 쉬기 위한 것입니다. 이때 감정 반응하는 오감의 무의식 (행)도 함께 쉬며 일반적인 감각에는 반응하지 않습니다. 오감(안이비설신) 중 눈 (안)뿐 아니라 다른 감각기관도 쉼의 깊고 낮은 정도의 차이는 있겠지만 잠잘 때는 쉬고 있습니다. 우리가 깨어 있는 일상에서 오감 중 눈으로 입력되어 뇌에서 정보 처리하는 것들이 약 70~80%로 제일 많다고 합니다. 인간의 오감 중 낮에 제일 많은 정보를 받아들이며 에너지를 사용하는 감각기관이 눈 (안)이라는 것입니다. 사람도 일을 많이 하면 지쳐서 쉬어야 하는 것과 같이 일반적으로 인간의 오감 중 눈도 낮에 많은 일을 하였기에 잠들었을 때는 다른 감각기관보다 더 깊이 쉬는 것이고 그러기 위해서 잠자기 전부터 눈을 감아 버려 최대한 입력되는 빛을 차단하는 것입니다. 그래서 잠들었을 때 일반적인 조명등을 켜도 알지 못하고 잠에 빠지는 것은 오감 중 눈의 감각이 깊게 쉬고 있다는 것입니다.

2) 잠잘 때도 오감 중 듣는 귀(이)는 열려 있습니다

잠들었을 때 외부의 소리가 느껴지나요? 일반적으로 낮에 깨어 있을 때보다는 알아차리는 정도가 낮다고 할 것입니다. 그렇지만 잠들었을 때 눈을 감고 귀가 열려 있는 몸의 구조는 낮에 대상을 인식하며 많은 활동을 한 감각기관인 눈의 의식이 깊이 쉬는 동안 다른 감각기관 귀는 열어서 외부 대상의 위험으로부터 생명을 보호하려는 것입니다. 잠자는 동안에도 오온 중 (수)(상)에서 생존본능 활동을 계속하듯이 몸의 구조도 생존을 위해 진화해 왔고 의식과 무의식도 협조 관계에 있다는 것입니다. 우리가 잠들기 전 빛이 아닌 자명종 시계 소리를 세팅하고 자명종 소리에 의거해 아침에 잠에서 깨는 사람들이 많을 것입니다. 빛이 아닌 자명종 소리에 의거해 잠을 깨는 것은 잠잘 때 오감 중 눈이 깊이 쉬고 있는 동안 귀를 열어 생존 활동하도록 진화해 왔다는 것입니다. 또한, 잠자리에서 아침에 들려오는 소리 중에서도 다른 일반적인 소리보다 자명종 소리음에 더 민감하게 반응하는 것은 잠을 자기 전부터 자명종 소리가 들리면 깨어야 한다는 내면 의식이 (상)의 표상에 연계하여 있다가 잠자고 있는 상태에서도 오감과 어떤 형태로든 교감을 하고 있었다는 것을 알려 주고 있습니다.

3) 잠잘 때 오감 중 냄새는 (수)(상)의 생존본능에 연계되지 않습니다

잠잘 때 오감과 연계된 (행)의 감정과 (식)의 분별 의식은 쉬고 있으나 생존본능과 연계된 (수)(상)의 영역은 쉬지 않고 활동하고 있다는 것은 앞서 설명하였습니다. 그런데 잠잘 때 (수)(상)의 내면 의식을 자극하지 못하는 감각이 있는데 그 감각이 오감 중 냄새입니다. 잠잘 때 오감 중 냄새는 (수)(상)의 생존본능을 자극하지 못한다는 것입니다. 사례로 잠을 자다가 깨지 못하고 사망하는 이유를 분석해 보면 일산화탄소 중독 등 오감 중 냄새로 인한 사망 이외 다른 감각으로 사망하는 사례는 찾아보기 힘들 것입니다. 보통 잠을 자다가 사망하는 사례는 좁은 공간에서 잠들었다가 연탄불이나 가스버너 등에서 새어 나온 일산화탄소 등에 중독되어 사망했다는 것입니다. 일산화탄소뿐만 아니라 기타 가스 시설에서 나오는 각종 화학물질이 냄새와 연계된 호흡기로 들어와 사망하는 때도 종종 발생하고 있습니다. 화학물질의 특성상 냄새가 나지 않아 사망했다고 한다면 그 이유는 과거세부터 이어져 온 진화 과정에서 냄새는 생존을 위해 꼭 필요하지 않았기 때문으로 분석됩니다. 냄새에 의거해 사망하는 경우는 최근 현대사회에 와서 연료 및 화학제품이 만들어지면서 발생하는 경우가 많아졌을 뿐 원시시대에는 생명을 해하는 화학물질의 발생 빈도가 거의 없었기에 진화 과정에 냄새는 (수)(상)의 생존본능 우선순위에서 제외되어 진화하지 못한 것으로 보는 것입니다. 현대사회에 와서 뇌과학적으로 입증된 것으로 보더라도 오감 중 냄새만 뇌 깊은 곳 시상에 연계되지 않는다고 합니다. (수)(상)의 내면 의식 생존본능에 냄새가 큰 자극을 주지 못한다는 것을 연계하여 확인하여 주고 있는 것입니다. 내면 의식에서 작용하는 생존본능과 오감 활동 관찰 시 참고하여 혼선이 없었으면 합니다.

4) 잠잘 때 의식과 무의식의 관계

잠자리 주변에 어떤 생존 위협 요인(색)이 있으면 분별 인식이 (수)(상)의 생존본능을 자극하여 (행)에 무의식의 두려운 감정을 일으켜 (식)의 의식이 잠들지 못하게 할 것입니다. 이렇게 의식 무의식은 서로 대립하기도 하지만 생존을 위해서는 협조 관계에 있습니다. 잠에서 깨는 외부 자극의 경계 지점도 어떤 환경 및 민감도에 따라 다르게 작용합니다. 내 집의 침대에서 자느냐 아니면 주변에 불안 요인이 많다고 의식하는 노상에서 자느냐 등 잠자리 환경에 따라 잠에서 깨어 눈을 뜨게 하는 감각의 예민감이 다르다는 것입니다. 즉 잠을 자는 동안에도 (수)의 느낌 무의식과 (상)의 내면 의식은 생존을 위해 연계되어 작용하고 있다는 것이며 주변 환경 및 개인의 성향에 따라 내면 의식의 민감도에 차이가 있는 것입니다. 잠잘 때 사람의 오감 민감도가 (수)(상)의 느낌 및 내면 의식에 연계되어 있으며 잠자리 환경에 따라 잠에서 깨는 기준점과 의식 및 무의식이 반응하는 경계 지점도 다르다는 것입니다. 사람들이 잠을 자지 못하는 것은 의식 무의식의 협조 관계가 어느 부분에서인가 틀어진 것이며, 그 부분이 불면증의 원인이 되기도 할 것입니다. 의식이 자려고 잠자리에 누워도 지난 일에 대한 무의식의 감정이나 미래에 일어날 상상의 걱정으로 잠을 이루지 못하기도 합니다. 잠을 이루지 못하는 경우는 무의식의 욕망이나 감정의 기복이 호르몬 변화 등 무엇인가에 상처를 입어 잠자리 환경의 기준에서 틀어졌기 때문일 수도 있습니다.

어떤 사람이 잠을 잘 자지 못한 경우 무의식의 감정이 예민해져 있는 것이 일반적입니다. 그 원인을 생각해 보면 잠을 설쳐 휴식을 취하지 못한 뇌에서 정리정돈이 되지 않았기 때문일 것입니다. 잠을 자지 못했을 때 우울감, 분노 등 무의식의 감정이 예민하게 반응하는데 이때는 의식의 이성이 무의식의 감정을 제어할 수 없는 불균형 상태입니다. 다른 측면에서 보면 잠을 자지 못해 지친 육체를 지탱하고 유지하기 위한 호르몬 등 신경세포들이 활동적으로 움직이며 몸에서 생존 욕구 무의식 반응을 더 크게 자극한다는 것입니다. 이때는 이성의 의식보다는 생존본능에 의해 몸에서 반응하는 감정 및 심리 작용의 무의식 힘이 더 커진 상태라 할 수 있을 것입니다.

나. 꿈 무의식 속의 내면 의식

프로이트나 융은 꿈을 무의식의 세계를 분석하는 정보로 활용하였다고 합니다. 이 책에서는 꿈의 해석보다는 꿈에서 나타나는 표상을 무의식 속 내면 의식과 연계하여 의식과 무의식의 관계를 분석하여 마음 작용의 원리를 알아 가고 있습니다. 꿈을 꿀 때는 잠을 자는 상태로 외부 대상을 받아들이는 오감의 의식이 쉬고 있는 무의식 상태이기에 어떤 대상의 형상이나 장면이 직접 인식되지는 않습니다. 그러므로 잠을 자면서 꿈속에 나타난 표상은 외부 대상을 향한 오감과 직접적인 연계성은 없습니다. 꿈을 꿀 때 오감이 외부 대상을 직접 인식하는 것이 아니기에 꿈속의 장면에 나타나는 표상들은 오온 중 (상)의 내면 의식에 연계되어 있다고 보는 것입니다. 이유는 잠을 자는 상태에서는 외부 대상을 분별 인식하는 (식)의 의식이 쉬고 있으나 (상)의 내면 의식은 활동하고 있기 때문입니다. 또한 꿈에서 나타나는 표상은 현실 세계에서 경험이나 학습한 정보들의 표상뿐 아니라 과거의 유전적 요인에서 이어져 온 정보의 표상들도 조합되어 비추어지는 것으로 보입니다.

꿈이 상상과 다른 점은 상상은 현세의 경험과 기억들이 기준이 되어 조합되는 것이라 할 수 있지만 꿈은 현세뿐 아니라 과거세로부터 이어져 온 유전적 요인까지 조합된다는 것입니다. 즉 상상이 현세에 기반이 되어 있다면 꿈은 현세뿐 아니라 태어나기 전의 과거세 정보까지 어떤 형태로든 이어진 것으로 보인다는 것입니다. 꿈속에서 비추어지는 표상은 이 세상에 태어나서 오감으로 입력되어 경험하거나 학습되어 온 것들이 나타나기도 하지만 태어나서 한 번도 보지 못했고 상상하지도 않았던 벌레 사물 환경들이 조합된 이미지가 꿈속 표상으로 나타나기도 합니다. 그렇다면 태어나서 지금까지 현실 세계에서 경험도 없고, 학습하지도 않은 것들이 꿈속에서 나타나는 장면들의 표상은 어디에 있다가 꿈으로 비추어지는 것일까요. 무의식의 세계라고 하는 꿈에 비추어 나타나는 표상(형상)들도 마음 작용이기에 마음을 구성하는 오온과 연계하여 살펴보겠습니다.

꿈은 잠을 자는 상태로 오감에 의거하여 외부 대상을 인식 분별하는 의식 (식)과 감정 반응 무의식 (행)은 쉬고 있으므로 (수)(상)의 본능 활동과 주로 연계성이 있다고 할 것입니다. 중요한 것은 꿈속에 비추어진 표상은 형색이 인식되는 것으로 이 책 의식과 무의식의 구분 정의 개념 중 의식에 해당한다는 것입니다. 그런데 오온 중 대상을 인식하는 (식)의 의식은 잠잘 때 쉬고 있으므로 꿈속의 표상들은 (상)의 내면 의식 어딘가에 연계하여 비추어지며 현세뿐 아니라 과거세의 유전적인 요인들도 연계되어 보인다는 것입니다. 보충 설명하면 꿈속에서의 표상(형상)은 현세에서 인식한 것들만이 아니라 과거세 유전적인 어떤 요인에 의거하여 인식된 의식의 과거 표상들이 내면 의식으로 이어져 꿈에 나타났을 것이라고 보는 것입니다. 과거세로부터 이어져 오는 것으로 보이는 표상들은 마음 깊은 곳 (상)이라는 내면 의식 어딘가에 연계되어 있다는 것입니다.

꿈속 감정은 현재의 주관적 관념이 관여합니다.

꿈꿀 때 어떤 상황이 두려워 도망가려고 발버둥 치는 경험을 하신 분들 있으실 겁니다. 꿈에서 인식하는 표상들에 대한 두려운 감정 및 분별은 주관적 관념이 관여한다는 것을 저자의 경험 사례로 살펴보고자 합니다. 어렸을 때 저자는 호랑이가 무서워 도망가는 경험을 하기도 했는데 호랑이를 직접 본 경험은 없었습니다. 어렸을 때 꿈을 꿀 당시 심리를 정확히 기억할 수는 없지만, 호랑이는 무서운 동물이라는 것을 과거세든 현세이든 언제부터인가 의식에서 인식하고 있었던 것으로 보입니다. 다른 측면에서 꿈의 분석에 접근해 보면 저자가 어렸을 때 아버지의 알코올 주사로 인한 불안불안한 가정환경이 연계한 심리가 꿈속 호랑이로 비추어서 도망가려고 했을 것이라 유추해 볼 수도 있습니다. 하지만 저자는 이 책에서 꿈의 해석보다는 꿈속 내면 의식과 감정과의 관계를 분석하고자 하는 것입니다. 꿈속에서 호랑이를 보면서 무서워 도망가는 것은 (수)(상)에 호랑이는 무서운 동물이라는 느낌과 인식의 관념이 연계하여 작용했다고 할 수 있습니다. 단지 꿈속에서 오온 중 (행)의 무서운 감정이 일어나 (식)에서 도망가려는 분별 행동을 한 것으로 볼 때 잠잘 때 쉬고 있다는 (행)(식)도 꿈속에서 (수)(상)과 일부 연계되어 작용하고 있는 것으로 보입니다. 보충 설명하면 꿈속의 표상(형상)들은 (수)(상)에 연계한 정보에서 비추어 볼 수 있지만 외형으로 쉬고 있는 (행)의 감정이나 (식)의 분별도 어떤 형태로든 연계되어 작용한다는 것입니다.

저자가 성년이 되어서 피해망상 등 정신적으로 힘들 때 꿈을 꾸는 날이 많았습니다. 여기서 이야기하고 싶은 것은 정신증보다는 '꿈속에서 나타나는 어떤 상황에서 어떻게 반응했을까?'입니다. 당시 주변 사람들이 나를 해하려 한다는 피해망상과 트라우마는 계속되었고 잠을 설치는 날이 빈번할 정도로 매우 힘든 상황의 연속이었습니다. 그 당시 꿈속에서 만난 인연들과 어떤 상황 관계에서 회피하려던 모습과 두려움에 도망가려고만 했던 기억들이 많습니다. 결론을 미리 말하면 저자의 주관적 관념이 피해망상에서 감사의 마음으로 변화하면서 이십여 년이 지나는 꿈속의 인연 관계에서 두려운 감정이 소멸하여 가는 것을 경험하고 있습니다. 독자분들도 과거와 현재의 꿈들에서 나타난 표상을 비교 관찰하면서 자신의 주관적 마음이 어떻게 변해 왔는지 관찰할 수 있는 기회가 되었으면 합니다. 과거의 나, 현재의 나가 변한 게 없다고 할 것이 아니라 스스로의 주관적 의식 및 감정에 대해 꿈을 적용해 관찰해보는 것도 도움이 될 수 있다는 것입니다. 연금술사가 금을 쪼개고 쪼개어 세밀하게 분석하듯이 꿈에서 나타난 표상과 감정에 대해서도 자세히 분석하다 보면 자신이 변화되어 가는 모습을 찾는 데 도움이 되지 않을까요. 꿈속에서 나타나는 표상은 (상)의 내면 의식에 연계된 것으로 보이지만 꿈에서 일어나는 감정이나 분별은 평상시 자신의 주관적 의식 관념에 따라 변화해 갈 수 있을 것입니다.

다. 통증보다 깊은 내면 의식

상처로 인한 통증의 정도가 기절할 정도로 심한 단계를 넘어가면 분별 의식 (식)은 통증을 인식하지 못합니다. 그러나 생존하고자 하는 무의식 및 내면 의식 (수)(상)의 작용은 멈추지 않고 이어지는 것으로 보입니다. 부상에 의한 상처에 대해 오온 중 (식)은 통증을 인식하는 분별 의식의 활동을 하며 (수)(상)은 무의식 속 내면 의식으로 생존을 위한 본능의 작용을 하고 있다는 것입니다. 어떤 사건 사고로 인한 중상으로 기절하였을 때 통증을 인식하지 못하는 것은 기절했기 때문이라고 보편적으로 이해될 수 있을 것입니다. 그런데 중상으로 인해 기절을 반복하는 상황, 즉 (식)의 외부 대상 분별 의식이 오고 가는 상황에서 의식이 잠시 돌아와도 상처의 통증을 전혀 느끼지 못했다는 것은 전쟁터 부상자들의 사례에서 확인되고 있습니다.

대한민국 석해균 선장이 아덴만에서 괴한들에게 수발의 총상을 입었을 때가 떠오르는군요. 선장님은 총상이 깊어 의식이 오고 가고를 반복했을 것이며 그때 생존을 위해 최선을 다하는 것은 의식과 무의식 모두 같은 목표일 것입니다. 총상으로 인해 의식이 오고 가는 상태로 구조되어 비행

기로 이동하며 대한민국 병원 외상센터 수술대까지 오르는 동안에 상처의 통증을 인식하는 (식)의 분별 의식이 계속되었다면 더 큰 두려움의 고통이 이어졌을 것입니다. 기절하며 정신이 오고 갈 정도의 큰 부상 상태에서는 통증을 인식하는 (식)의 분별 의식이 멈출 수 있다는 것입니다.

판문점에서 북한 병사가 총탄을 맞으면서도 남쪽을 향해 기어 오던 상황이 기억나시는지요? 이때는 남쪽으로 넘어가야 살 수 있다는 내면 의식 (상)의 의식과 (수)의 느낌 무의식이 작용하는 생존본능 행동 이외 아프다는 의미의 통증은 느끼지 못했을 것입니다. 이유는 통증보다는 생존이 먼저이기 때문입니다. 오감 중 제일 민감한 상처 통증 (촉)의 느낌 부분은 피부에 통증 감각이 가장 많이 분포되어 있기에 가장 빠르게 의식을 자극한다고 합니다. 부상으로 인해 피를 흘리거나 뼈가 부러지면 생존이 위협받을 수 있기에 1차적으로 통증이 빠르게 자극되는 것으로 보입니다. 그러나 부상의 정도가 어느 단계를 넘으면 통증의 아픔으로 인한 고통보다는 오로지 생존본능에 의한 행동을 한다는 것이며 무의식 속 내면 의식 (수)(상)의 작용이 더 커진다고 보는 것입니다. 판문점에서 북한 병사가 수발의 총탄을 맞고도 남쪽으로 기어 오는 행동을 반복했던 것은 (식)의 통증 의식보다 (상)의 내면 의식이 (수)의 느낌 무의식과 연계해 어느 쪽으로 가야 살는지의 생존본능이 작용했기 때문일 것입니다. 이때 (수)(상)의 무의식 속 내면 의식 생존본능이 연계해 남쪽으로 가면 살아서 좋을 것이고 북쪽으로 가면 죽어 나쁠 것이라는 생각의 관념이 이미 인식하고 있던 이미지 지형과 연계해 남쪽을 향해 기어 오는 행동을 했다는 것입니다. 이때 심한 통증의 인식이 더 크다면 남쪽으로 기어 오는 행동이 어려웠을 것입니다. 생존 위협의 극한의 상황에서는 통증은 없고 내면 의

식에 의거해 생존을 위한 본능적 행동을 한다는 것을 보여 주는 사례라고
할 것입니다.

　저자도 교통사고로 중상을 입어 여러 차례 정신이 오고 간 적이 있습니다. 그때 기절했다가 잠시 깨어나면 주변 사람들의 대화 내용이 들렸습니다. 그러나 다시 기절할 때까지 주변 사람들의 대화 내용은 의식할 수 있어도 통증은 전혀 의식하지 못했습니다. 사고 후 여러 번 기절을 반복하는 상황에서 주변의 이야기를 듣는 의식이 있어도 상처의 통증은 느끼지 못했다는 것입니다. 만일 중상의 상처로 인한 통증이 (식)의 의식에서 계속해 각인되었다면 더 큰 두려움에 휩싸였을 것입니다. 상처로 인한 통증이 생존을 위협하는 어느 단계 이상을 넘어가면 주변 환경을 인식하는 (식)의 의식이 돌아온 상황에서도 상처의 통증은 인식하지 못한다는 것입니다.

　보충 설명하면 (식)은 대뇌피질 영역에서 통증을 인식하고 (수)(상)은 마음 깊은 곳 생존본능과 연계된 무의식 속 내면 의식 활동에 깊게 연계되어 있다는 것입니다. 사례로 칼에 손을 베이거나 다리가 부러지는 등 기절하는 단계가 아닌 경상의 경우 (식)에서 아프다는 통증을 느낍니다. 하지만 중상으로 (식)의 분별 의식이 기절할 정도의 사고에서는 통증 인식보다는 (수)(상)에 연계된 생존본능의 무의식 속 내면 의식이 주로 작용하며 통증을 인식하지 못한다는 것입니다.

　금강경 우리말 해설 경전 내용 중 부처님이 전생에 가리왕에게 사지를 잘렸을 때 아상이 없었기에 상대방을 원망하는 마음이 없었다고 하신 말씀이 이해되어 옵니다. 당시 팔다리가 잘릴 때 통증이 없었다는 것이 아니라 상처로 인한 통증이 압점을 넘어 기절할 정도로 상처가 깊었을 것

이며, 인간의 모습을 하고 계시던 전생의 부처님도 사지 절단으로 의식이 오고 가는 상황이 반복되었을 것입니다. 그러나 잠시 잠시 의식이 돌아왔을 때 이미 의식 무의식에 나와 너라는 관념의 상이 없으셨기 때문에 상대를 원망하는 마음이 일어나지 않으셨을 것으로 해석해 봅니다. 일부에서 사지가 잘려 나가서 아플 텐데 상대를 원망하는 마음이 없다는 것을 믿을 수 없다는 말들은 깊은 상처로 인해 의식이 오고 갈 때 통증보다 내면 의식이 깊다는 것을 이해하지 못하기 때문일 것입니다. 그만큼 통증보다 내면 의식의 관념이 극단의 상황에서 큰 영향을 준다는 것이며 부처님 전생에서 아상이 없는 이타적인 삶이 길게 이어졌다는 내용에 대해 겸허한 마음이 들기도 합니다.

위에서 살펴본 바에 의하면 (식)에서 인식하는 상처의 통증보다는 (수)(상)에서 느끼고 인식하는 생존본능 및 관념이 마음에 더 깊이 뿌리 내리고 있다는 것을 알려 주고 있습니다. 그만큼 (수)(상)에서 작용하는 무의식 속 내면 의식의 관념을 바꾸기가 어렵다는 것이며 피해망상 트라우마 등 마음의 관념으로 자리한 상처 치유가 얼마나 힘든지를 통증보다 깊은 내면 의식을 통해 알려 주고 있는 것입니다.

4장

마음의 시공간과 양자역학의 원리

생명체마다 각각의 먹이사슬 관계와 집단 본능이 이어지고 사람마다 각기 다른 기질이 이어지는 유전적 요인들을 볼 때 현세의 의식만으로 확인할 수 없는 과거세의 의식이 보이지 않는 미시세계에서 흐를 수 있다는 논리에 대해 전부 부정할 수는 없을 것입니다. 사람의 마음이 과거세 현세 미래세로 이어질 수 있다는 것이며, 불교 경전에서는 업이라는 상태로 이어진다고 합니다. 현세에서 사는 삶이 끝이라는 즉 죽으면 모든 것이 끝이라는 물질세계 사고적 관점에 대치되는 주장이라 할 수 있습니다.

최근 미시세계 양자물리학(양자역학)의 이론과 실험들이 인정받고 있는 연구 결과들을 보면 고전물리학으로 확인되지 않는 알 수 없는 세계가 우주 공간에 연계되어 있을 수 있다는 논리에 신뢰감을 더하고 있습니다. 물질의 특성과 달리 보이지 않는 마음의 세계도 미시세계 양자역학의 특성과 유사하게 보인다는 것입니다. 또한 본능적으로 이어지는 유전적인 요인들도 뇌 활동을 포함한 미시세계의 흐름과 연계성이 있다고 볼 수 있기에 양자역학의 특성과 관련하여 마음의 시공간 여행을 떠나고자 합니다.

1. 본능의 뇌 활동과 유전적 관계

마음의 시공간과 양자역학의 원리를 알아 가는 과정에서 의식적인 생활을 하는데 필수적인 뇌 활동과의 관계에 대한 의문이 들 것입니다. 1960년대 후반 신경과학자 폴 맥린은 뇌 구조를 파충류의 뇌(뇌간, 기저핵), 포유류의 뇌(변연계), 인간의 뇌(대뇌피질)라 하여 삼위일체 뇌라는 개념을 주장하였다고 합니다. 그 논리의 검증에 대해 다른 의견을 내는 사람들도 있을 것입니다. 단지 불교 경전에서 전해 오는 오온의 마음 구조도 삼위일체설에 의한 뇌 영역처럼 마음의 제일 깊은 곳에 (수)(상)의 본능 영역이 있고 그 주의에 (행)의 감정 영역과 (식)의 분별 사고 영역이 둘러싸여 크게 3단계의 구조를 이루고 있는 유사성이 있습니다. 이 책에서 마음(오온)이 작용하는 원리와 연계하여 본능의 뇌 활동과 유전적 관계를 분석하는 이유는 마음 관찰에 이해를 돕기 위한 것입니다.

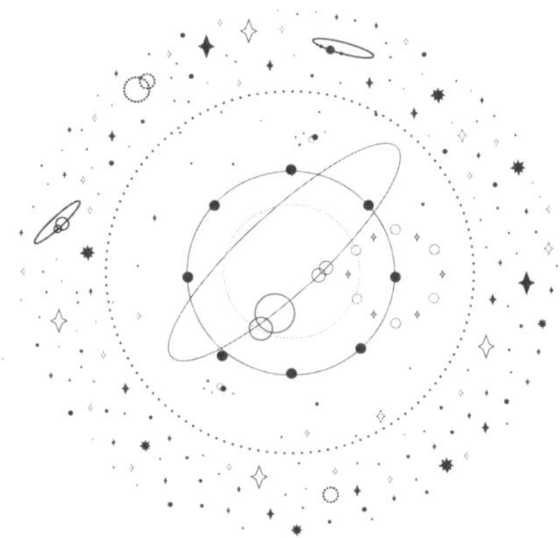

가. 마음(오온)과 뇌 활동의 관계

표 4-1-1 [마음(오온)과 뇌 활동의 관계]

구분	오온					내용
	색	수	상	행	식	
2단계 마음 작용	대상	느낌	생각 인식	심리 감정	**분별 사고**	(수)(상): **본능(느낌, 인식)** ☞ **파충류의 뇌**
뇌 활동과 관계	외부 대상		간뇌, 뇌간, 기저핵	변연계	대뇌 피질	(행): **감정, 심리** ☞ **포유류의 뇌** (식): **사고, 분별** ☞ **인간의 뇌**
			파충류	**포유류**	**인간**	☞ **뇌 삼위일체설(폴 맥린)**
			본능	**감정**	**사고**	* 오온의 마음 작용과 뇌 활동의 관계가 3단계로 구분되는 유사성이 있음

위 표 마음(오온)과 뇌 활동의 관계를 살펴보면 오온 중 (수)(상)의 느낌 생각(인식)은 뇌 영역 중 간뇌, 뇌간, 기저핵 영역의 본능 활동과 유사한 마음이 작용하는 연관성이 있으며 본능의 뇌는 파충류 포유류 인간 모두에게 있는 뇌 부위라고 합니다. 또한 (행)은 감정 심리 영역으로 변연계가 발달한 포유류의 뇌와 유사성이 있으며 파충류에서 한 단계 진화한 포유동물의 특성이라 합니다. (식)은 대상 사물에 대해 분별 인식하고 사고하는 대뇌피질 영역으로 인간에게서 발전한 뇌로 구분하고 있습니다. 오온의 마음 작용 구조와 폴 맥린의 삼위일체설(파충류의 뇌, 포유류의 뇌, 인간의 뇌)에 의한 뇌 구조가 유사성이 있다는 것을 보여 주고 있습니다.

나. (수)(상) 본능의 뇌 영역이라 불리는 이유

오온 중 (수)(상)이 본능의 뇌 영역이라 불리는 이유는 뇌 깊은 곳 간뇌, 뇌간, 기저핵 영역에서 활동하는 본능 활동과 유사성이 있기 때문입니다. (수)(상)의 영역에 생존과 탐욕의 본능이 연계되어 있다는 것은 뒤에서 다룰 [7장 탐진치와 마음(오온)의 관계]에서 보충 설명되니 참조하시면 이해에 도움이 될 것입니다. 뇌 활동과 관련한 여러 연구 자료에 의하면 간뇌에는 시상과 시상하부가 있고 감각 정보 전달 및 심장박동이나 호흡을 할 수 있도록 뇌간의 연수에 신호를 보내어 자율신경계의 조절을 하며 기저핵은 보상 동기 조절과 관련한 활동을 하고 있다고 합니다. 즉 심장박동 호흡 등 자율신경계의 생존본능 활동과 보상 동기와 연계된 탐욕의 활동이 뇌 깊은 곳 간뇌 뇌간 기저핵 영역에서 작용한다는 것입니다.

간뇌, 뇌간, 기저핵은 그 상태나 기능에 차이가 있을 수 있지만 대다수 생명체에 있으며 생존과 욕구의 본능 활동과 밀접한 관계성을 가지고 있다고 합니다. 그렇다면 생존본능과 뇌 활동과의 관계, 탐욕과 뇌 활동과의 관계는 어떻게 구분하여 접근할 수 있을까요? 마음의 특성상 뇌 구조와의 연계성을 명확히 구분할 수는 없지만, 생존 및 탐욕의 본능 영역과 뇌 활동과의 관계를 여러 사례에 접목해 살펴보고자 합니다.

1) 생존본능과 뇌 활동의 관계

생존본능과 뇌 활동과의 관계를 마음 작용 과정에 접목하여 살펴보면 오온 중 (수)(상)에서 작용하는 생존본능이 뇌 깊은 곳 간뇌, 뇌간 영역의 활동과 유사하다는 것을 확인할 수 있을 것입니다. 그렇다면 생존본능이 간뇌, 뇌간 영역의 활동과 유사하다는 이유는 어떤 근거가 있을까요? 예전부터 전해져 오는 말에 마음은 심장에 있다는 이야기도 있으며 심장(心臟)이란 한자어에 마음 심(心)이 사용되기도 합니다. 마음이 심장에 있다고 확정하여 답할 수 없지만, 무엇인가 심장과 연계되어 있다는 논리는 아주 오래전부터 전해져 오고 있다는 것입니다. 홀로 산길을 가는데 위험한 동물을 만나 생존에 위협이 느껴질 때를 생각해 보세요. 심장이 쿵쾅쿵쾅 뛸 것입니다. 현실에서만이 아니라 꿈속에서 무엇인가에 쫓기는 상황을 생각해 보세요. 심장이 쿵쾅쿵쾅 뛰는 상황이 연상될 것입니다. 이렇게 생존본능과 연계되어 심장이 더 크게 반응하는 것은 마음과 심장의 관계를 깊이 느끼게 하였기에 예전부터 마음이 심장에 있다고 전해져 오는 이유일 수도 있을 것입니다. 생존본능 마음 작용에 의거하여 쿵쾅쿵쾅 심장이 뛰는 관계를 뇌 과학적으로 비유하여 접근해 보면 심장박동은 간뇌 영역인 시상하부에서 보낸 신호에 의거 뇌간 영역인 연수에서 실행한다고 합니다. 즉 뇌 활동 영역 중 간뇌, 뇌간 영역에서 위험 요인에 대해 쿵쾅쿵쾅 심장박동을 뛰게 하는 것은 오온 중 (수)(상)에서 느끼고 인식하는 생존본능 마음 작용과 유사하다는 것입니다. (수)(상)을 본능의 뇌 영역이라고 구분하는 이유이기도 합니다.

2) 탐욕과 뇌 활동의 관계

탐욕과 뇌 활동과의 관계를 살펴보면 오온 중 (수)(상)에서 작용하는 탐욕이 대뇌 깊은 곳 기저핵의 보상 동기 조절 기능과 연계성이 있다는 것을 알 수 있습니다. 그 이유는 기저핵 영역에서 욕구를 채우기 위한 보상 동기 쾌락의 도파민이 강하게 관계한다는 연구 사례들이 있기 때문입니다. 러셀 폴드랙『습관의 알고리즘』에서 보상 동기 욕구의 도파민이 기저핵에 강하게 작용한다는 실험 연구 사례 내용은 도파민과 탐욕이 연계되어 있다는 것을 보여 주고 있습니다. 즉 (수)(상)에서 작용하는 탐욕도 기저핵 영역에서 작용하는 보상 동기 쾌락의 본능 활동과 유사성이 있다는 것입니다. (수)(상)을 본능의 뇌 영역이라 부르는 이유이기도 합니다.

※ 탐욕의 본능과 뇌 활동의 관계 보충설명

[습관의 알고리즘 - 저자 러셀 폴드랙]
"도파민을 생성하는 뉴런은 두뇌 중앙의 깊은 곳 흑질치밀부(SNc)와 복측 피개부(VTA) 내부에 자리한다. 도파민 생성 뉴런은 아웃풋을 두뇌 전역에 널리 전달하지만 그중 대다수는 선조체로 전달된다. 도파민은 동기에 초점이 맞추어진 것으로 보인다. 행복보다 욕망에 말이다."

[도파민과 탐욕 기저핵의 관계 분석]
위 책에서 도파민과 밀접하게 연계된 흑질이나 선조체 부분은 기저핵 영역에 해당합니다. 또한 보상 동기 회로의 핵심인 측좌핵도 기저핵 영역에 해당한다는 것이 여러 연구 사례에서 확인되고 있는 것으로 볼 때 기저핵 영역이 보상 동기 쾌락의 탐욕과 강하게 연계되어 있다는 것입니다. (수)(상)의 탐욕이 기저핵의 도파민 쾌락과 연계되어 있음을 확인해 주고 있는 것입니다.

[(수)(상)의 탐욕이 본능의 뇌 영역이라 불리는 이유]
(수)(상)의 탐욕과 연계된 기저핵은 발달 정도에 차이는 있지만 인간만이 아니라 많은 생명체에게도 있는 본능의 뇌 영역이라 할 것입니다. (수)(상)

의 탐욕이 본능의 뇌 영역이라 부르는 이유이기도 합니다. ((수)(상)과 탐욕의 관계는 [7장 탐진치와 마음(오온)의 관계] 참조)

다. 본능의 유전적 요인과 뇌 활동의 관계

앞서 오온의 마음 작용 과정을 살펴보는 과정에서 (수)(상)은 과거세 현세의 표상과 연계되어 있고 (행)(식)은 현세에서 조합되어 일어나는 심리 반응이나 분별 의식이라고 하였습니다. 여기서 현세의 마음 작용보다는 과거세의 유전적인 요인이 어떻게 현세로 이어질 수 있는지에 대한 의구심이 들지만, 과거세는 미지의 세계로 유추하여 접근할 수밖에 없는 한계가 있다고 할 것입니다. 단지 본능적 활동이 유전적인 요인과 연계되어 있다는 것은 대다수 생명체의 집단 활동에서 확인되고 있기에 앞서 살펴본 (수)(상) 본능의 뇌 영역이라 불리는 이유를 참고하여 살펴보고자 합니다.

표 4-1-2 [마음의 시공간과 뇌 활동의 관계]

구분	오온					내용
	색	수	상	행	식	
2단계 마음 작용	대상	느낌	생각 인식	심리 감정	분별	(수)(상): **느낌, 인식** ☞ 과거 현세 연계
	현세	**현세 (과거)**	**현세 (과거)**	**현세**	**현세 (미래)**	(행): **감정, 심리** ☞ 현세의 심리
뇌 활동과 관계	외부 대상	간뇌, 뇌간, 기저핵		변연계	대뇌 피질	(식): **사고, 분별** ☞ 현세의 분별
		파충류		**포유류**	**인간**	※ (수)(상)의 영역에서 과거세 마음이 연계되는 것은 유전적 요인 등 본능의 뇌 활동과 유사함
		본능		**감정**	**사고**	

위 표 마음의 시공간과 뇌 활동의 관계를 살펴보면 (수)(상)의 느낌 인식이 과거세와 연계되어 있으며 본능의 뇌 영역에 해당하는 것을 볼 수 있습니다. 또한 (수)(상)의 영역이 간뇌 뇌간 기저핵의 생존 및 탐욕 활동과 연계되어 본능 활동을 한다는 것은 앞서 (수)(상) 본능의 뇌 영역이라 불리는 이유에서 설명하였습니다. 여기서 중요한 것은 본능의 뇌라고 하는 간뇌, 뇌간, 기저핵 영역은 파충류 포유류 인간 모두의 뇌에서 생존과 탐욕의 본능적인 활동을 중추적으로 하고 있다는 것입니다. 이렇게 다수의 생명체에서 확인되는 간뇌, 뇌간, 기저핵 영역에 생존과 탐욕의 본능 활동이 연계되어 있으며 집단 본능의 유전적 요인들이 이어진다고 보는 것입니다. 단지 유전적인 요인이 뇌의 특정 영역에만 연계되어 이어진다는 것은 아닙니다. 만일 오온 중 변연계의 감정 영역인 (행)과 분별 사고를 하는 대뇌피질의 영역인 (식)에서 본능의 유전적인 요인들이 주로 이어진다면 변연계 및 대뇌피질 영역이 없거나 발전하지 않은 물고기나 파충류의 유전적인 요인에 대해서는 설명할 수 없는 오류가 생길 것입니다. 그래서 (수)(상)의 영역에 본능의 유전적 요인 등 과거세와 현세의 표상이 연계되어 있다고 보는 것이며 (행)(식)은 현세의 영역으로 구분하는 것입니다.

2. 마음의 과거 현재 미래

이 세상에 태어난 인간에게서 성격이나 기질이 같은 사람은 없다고 하며, 일란성 쌍둥이도 그 개인의 기질이 서로 다르다고 합니다. 이렇게 사람의 기질이 다른 이유는 태어날 때부터 유전적 요인이 다르기 때문이라고 합니다. 유전적인 요인에 부모로부터 받는 것도 있지만 개인의 기질적인 요인이 많다고 하는 것은 이 세상에 태어날 때 과거세의 무엇인가가 연계되어 이어져 온다는 것을 확인하여 주는 것이라고 보는 것입니다. 지구상의 생명체가 먹고 먹히는 먹이사슬로 얽히어 진화하며 과거의 유전적 요인들이 이어지는 집단의 행동들을 보더라도 과거세 현세 미래세의 시공간이 단절되었다고 보기에는 논리의 오류가 너무 많다는 것을 알 수 있을 것입니다. 다윈의 진화론에서는 생명체의 유전적인 요인들이 과거로부터 이어져 진화해 왔다는 것을 논리를 들어 증명하고 있으며 진화 과정에서 과거의 의식이 이어진다는 논리도 연계되고 있습니다.

인간의 성격이나 기질, 생명체의 집단 본능이 과거로부터 이어져 오는 사례들을 볼 때 마음의 시공간이 단절되었다고 볼 수 없으며 과거의 의식이 현재의 의식을 현재의 의식이 미래의 의식으로 이어져 간다는 논리를 부정할 수만은 없는 것입니다. 보충 설명하면 마음에 어떤 욕구가 발생하고 그 욕구가 과거 현재 미래로 이어지며 행동을 변화시켜 진화가 이루어졌다고 볼 수도 있다는 것입니다. 원숭이에게 나무를 타야 먹는 것을 쉽게 취득할 수 있다는 욕구가 없었다면 나무를 잘 탈 수 있도록 팔과 다리가 진화할 수 있었을까요? 인간의 욕구 및 의식의 마음도 과거 현재 미래가 단절된 것이 아니라 어떤 형태로든 연계되어 이어져 왔을 것으로 보는 것입니다. 마음이 과거세에서 현세로, 현세에서 미래세로 이어지는 관계를 살펴보고자 합니다.

표 4-2-1 [마음의 과거세 현세 미래세 관계]

구분	오온					내용
	색	수	상	행	식	
2단계 마음 작용	형색	느낌	생각 인식	심리 감정	분별	(수)(상): 과거세와 현세의 느낌 인식 작용
	현세	**현세 (과거)**	**현세 (과거)**	**현세**	**현세 (미래)**	(행): 현세의 감정 및 심리 작용
뇌 활동과 관계	외부 대상	**간뇌, 뇌간, 기저핵**	**변연계**	대뇌 피질		(식): 현세의 분별 의식 작용
		파충류	**포유류**	**인간**		
		본능	**감정**	**사고**		

가. 과거세에서 현세로

마음의 과거세 현세 미래세 관계 표에서 오온 중 (수)(상)의 느낌 인식은 현세뿐 아니라 과거세와 연계되어 있다는 것을 보여 주고 있습니다. 과거세 정보는 현세에 태어나기 전부터 이어져 온 유전적 요인의 표상이라 할 것이며, 현세 정보는 현세에서 경험하고 학습하는 표상들을 의미하고 있습니다. 또한 오온 중 (행)(식)은 현세에서 조합되어 일어나는 심리 반응이나 분별 의식이라고 볼 수 있습니다. 현세에 태어난 각 개인의 서로 다른 기질은 과거세로부터 이어진 것으로 보이며 불교에서는 전생의 업이라고도 합니다. 과거의 업이 어떻게 현세로 이어지는지 과학적으로 입증되지는 않지만, 기질 등 유전적 요인들이 본능 활동과 연계되어 있다는 것은 앞서 본능의 뇌 활동과 유전적 관계에서 확인할 수 있었습니다.

오온 중 (수)(상)에 연계되어 이어지는 것으로 보이는 과거세의 유전적 요인들은 다시 현세에서 일어나는 (행)의 심리 및 (식)의 분별 의식과 인연이 되어 마음 작용을 일으킵니다. 이렇게 마음은 과거세와 현세가 서로 연계되어 이어진다고 보는 것입니다. 과거세로부터 현세로 이어지는 마음의 관찰을 위해서 본능적으로 이어지는 유전적인 요인들에 대해 살펴보고자 합니다.

사례로 악어와 악어새가 서로 공생관계로 살 수 있는 것은 태어나기 전부터 본능적으로 의식하고 있었던 유전적 요인의 표상들이 현세까지 이어진다는 것을 유추하여 접목해 볼 수 있습니다. 즉, 악어와 악어새의 공생관계 표상은 과거세 본능의 유전적 요인이 연계되어 현세로 이어지고 있다는 것입니다. 악어와 악어새의 공생관계가 과거세에서 현세로 이어지는 과정을 볼 때 인간의 마음도 보이지 않는 어떤 에너지에 의거하여 과거세 현세 미래세로 흐를 수 있다는 논리에 신빙성을 더해 주고 있습니다.

악어와 악어새가 공생관계를 이룰 수 있는 표상 (상)은 과거 생존 및 진화 과정에서 수없이 많은 경험과 학습이 반복되었을 것으로 예측해 볼 수 있습니다. 아니면 공생관계 표상의 원인이 되는 요인들이 우주의 시공간에 얽히어 현세의 의식에 관계하는 것으로 유추해 볼 수도 있을 것입니다. 여기서 중요한 것은 악어와 악어새의 공생관계 유전적 요인들이 과거 언제부터 어떻게 이어져 왔는지는 알 수 없지만, 과거세와 현세의 의식을 별개로 분리해서 볼 수 없다는 것을 보여 주는 사례라는 것입니다. 과거세와 현세가 어떤 형태로든 연계되어 있다는 것을 확인하여 주고 있는 것입니다.

나. 현세에서 미래세로

인간의 마음은 어디에 있을까요? 다시 의문을 던집니다. 인간의 마음이 뇌에 있다면 식물인간의 마음은 어디 있다고 해야 할까요? 인간이 죽으면 그 사람의 마음도 다 소멸하는 것일까요? 앞서 계속 설명해 온 바와 같이 악어와 악어새가 현세에서 공생하며 사는 것은 과거세 현세 미래세로 이어지는 의식이 단절된 것이 아니라는 것을 보여 주고 있습니다. 생명체가 죽음으로 인해 그 생명체의 의식 즉 마음마저 전부 소멸하여 미래세로 이어지지 못한다는 주장에 오류가 있다는 것을 연계해 시사해 주고 있는 것입니다. 마음을 구성하는 오온은 사실상 인간의 마음 구조를 분석하기 위한 것으로 다른 생명체의 마음을 접목하여 분석하는 데는 비교 불가한 차이점이 있을 수 있습니다. 그러나 폴 맥린의 연구에 따르면 뇌 안쪽에 생존본능이 있는 파충류의 뇌와 중간에 감정을 다루는 포유류의 뇌 기능은 다른 생명체와 인간이 유사한 부분이 많다고 합니다. 단지 인간은 사고 통제 및 창의 영역인 대뇌피질이 특히 발달해 있으며 다른 생명체가 잘 연결하지 못하는 과거 현재 미래라는 시공간을 생각과 상상으로 오고 갈 수 있다는 것입니다. 마음의 시공간을 광활하게 오가는 인간의 관점에서 본능의 유전적 요인들이 현세에서 미래세로 이어지는 관계를 살펴보고자 합니다.

앞서 본능의 유전적인 요인들이 이어지는 사례들을 연계해 살펴보면 인간의 마음도 어떤 형태로든 미래세로 이어질 수 있다는 것을 부정할 수만은 없을 것입니다. 생명체의 의식과 마음이 현세에서 미래세로 이어진다는 것에 대해 사후 어떤 세계가 펼쳐지는지 과학적으로 확인할 수는 없지만 어떤 형태로든 연계되어 이어진다는 것은 악어와 악어새의 공생관계, 연어의 귀소 본능 등 수많은 생명체의 집단 본능 유전적인 요인들에서 보여 주고 있습니다. 현세의 의식 마음이 어떻게 미래세로 이어질 수 있는지 저자의 경험 사례를 들어 유추하여 접근해 보고자 합니다. 저자가 시골에 살 때 들판에 비둘기들로부터 50미터 주변 아주 먼 발치까지만 가도 비둘기들이 날아가 버렸습니다. 그런데 도심공원 비둘기들은 1미터 이내 근접거리에서도 날아가지 않고 먹이를 먹고 있었습니다. 시골 비둘기는 사람에 대해 두려운 감정을 가지고 도심 비둘기는 먹이를 준다는 친근한 감정을 가지고 살다가 언제인가 죽을 것입니다. 여기서 도심 비둘기의 경우 인간과 친근하게 지내는 환경과 마음의 시간이 수천 년, 수만 년이 지나는 먼 미래 어느 시점 인간과 비둘기가 서로 협조 공생하는 어떤 관계가 이루어질 수도 있다는 것입니다. 인간과 도심 비둘기 사이 현세의 마음이 미래세로 연계되고 다시 과거세 현세 미래세로 반복하여 이어지며 의식이 진화하는 진화론의 논리와도 부합하는 특성이 있다고 보는 것입니다. 진화론의 관점이든 미시세계 얽힘 등 에너지 흐름의 관계이든 현세의 마음이 미래세로 이어질 수 있다는 것은 수많은 생명체의 집단 본능 유전적인 요인들에서 보여 주고 있는 것입니다.

3. 마음과 원자모형의 유사성

오온 중 (수)의 느낌 및 (행)의 감정은 무형의 심리 반응 무의식으로 파동의 성질이 있고 (상)의 생각 인식과 (식)의 인식 분별은 표상을 인식 분별하는 유형의 의식으로 입자의 성질이 있으며 양자역학의 특성과 유사한 원자모형 형태를 띠고 있습니다.

그림 4-3-1 [마음의 원자모형]

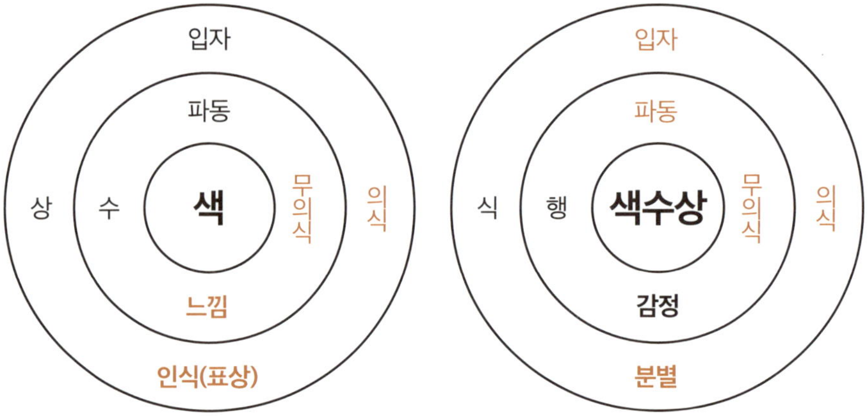

<table>
<tr><td>입자
파동
상　수　색　무의식　의식
느낌
인식(표상)</td><td>입자
파동
식　행　색수상　무의식　의식
감정
분별</td></tr>
<tr><td>(느낌 인식의 원자모형)</td><td>(감정 분별의 원자모형)</td></tr>
</table>

구분	오온					내용
	색	수	상	행	식	
2단계 마음 작용	형색	느낌 (좋음 나쁨)	생각 인식	심리 감정	분별	(수)느낌: 좋음 or 나쁨**(파동, 중첩 상태)** (상)인식: 의식(입자 상태) (행)감정: 무의식(파동 상태) (식)분별: 의식(입자 상태)
	의식	무의식	내면 의식 (관측)	**무의식**	**의식 (관측)**	관측 시 의식 **입자** 상태임 **[관 찰자효과]**
양자역학 특성	**빛 원자**	**파동 UP DOWN**	**입자 (관측)**	**파동**	**입자 (관측)**	**UP, DOWN [중첩 상태] 파동, 입자 [이중성원리] 관측 시 입자 상태 [관찰자효과]**

그림 4-3-1 [마음의 원자모형], 표 4-3-1 [마음과 양자역학의 특성]은 마음 작용과 의식 무의식의 관계, 양자역학의 특성을 연계하여 보여 주고 있습니다. 위 그림과 표에서는 오온 중 (색수상)의 느낌 인식이 작용하는 과정과 (색수상행식)의 감정 분별이 작용하는 과정을 원자모형으로 구분하고 있습니다. 또한 오온의 마음 작용이 의식 무의식의 관계뿐만 아니라 파동과 입자의 관계 등 양자역학의 특성과 유사하다는 것을 개괄적으로 보여 주고 있습니다.

그림과 표에서 느낌 인식의 원자모형을 설명하면 오온 중 (수)의 좋고 나쁜 느낌에 (상)의 생각 인식이 직접적 동시적으로 연계하여 중첩되어 있던 좋고 나쁨 중 하나가 입자의 상태로 관찰(측)된다는 것을 보여 주고 있습니다. 또한 감정 분별의 원자모형을 설명하면 오온 중 (행)의 감정 심리 반응 무의식과 (식)의 분별 의식이 파동과 입자의 이중성 상태로 있다가 관찰(측)되는 순간 의식의 입자 상태를 띤다는 내용입니다. 마음 구조를 원자모형으로 접근하는 이유는 인간의 마음을 구성하는 오온의 구조와 의식 무의식이 미시세계 양자역학의 특성인 파동과 입자의 이중성 및 중첩, 관찰자효과 원리와 유사하다는 것을 보여 주고 있기 때문입니다.

가. 무의식과 의식을 파동과 입자로 구분하는 이유

3장 [마음(오온)과 의식 무의식의 구분]
오온 중 색(육체, 형색), 상(생각, 인식), 식(인식, 분별)은 대상을 인식 분별하는 형태로 **'의식'**에 해당하고 수(오감, 느낌), 행(의지, 감정, 심리 작용)은 대상으로 인해 반응하는 심리 현상으로 **'무의식'**으로 구분하고 있습니다.

[빛이나 원자의 파동과 입자 이중성]
빛이나 원자의 파동 입자 관측 실험에서 관측되기 전에는 파동의 간섭무늬 상태를 띠다가 관측 시 알갱이 입자로 관측되었다는 것은 파동 입자의 이중성 상태를 설명하고 있습니다.

위 설명에서 무의식과 의식을 파동과 입자의 이중성 관계로 연계하여 구분하는 이유를 설명하면 오온 중 (수)의 느낌이나 (행)의 감정 심리 반응 무의식은 무형의 마음 상태이기에 **파동**의 에너지 상태로 구분하는 것이며 (상)의 생각 인식 및 (식)의 분별 의식은 대상(표상)을 인식 분별하는 유형의 마음 상태이기에 **입자** 상태로 구분하는 것입니다. 즉 마음은 관측되기 전 무형의 무의식으로 파동의 상태이고 관측되는 순간 유형의 의식

으로 알갱이 입자 상태라는 것입니다. 무의식의 파동과 의식의 입자 관계
성은 마음과 양자역학의 작용 원리에서 중요하게 적용될 부분이니 꼭 이
해가 필요한 부분입니다.

4. 마음은 하나의 상태로 나타납니다

표 4-4-1 [오온의 마음 작용 원리]

구분	오온					내용
	색	수	상	행	식	
2단계 마음 작용	대상	느낌 (좋음 or 나쁨)	생각 인식	감정 심리	분별	**마음은 하나의 상태로 결정됨** (오온이 연계되어 작용) (오온이 독자적으로 작용은 못함)
색(대상): 대상으로 고양이가 있음 수(느낌): **좋음 또는 나쁨** ☞ **나쁨** 상(인식): 긍정 또는 부정 (관념 인식) ☞ **부정** 행(감정): 기쁨 또는 두려움 ☞ **두려움** 식(분별): 앉아 줌 또는 피함 ☞ **피함**						- 오온 각각의 작용은 중복되지 않음(**각각 하나의 상태로 결정**) - 오온 연계의 결과도 중복되지 않음(**(식)에서 하나의 상태로 결정**)

표 4-4-1 [오온의 마음 작용 원리]에서 마음은 하나의 상태로 결정되어 나타나는 것을 보여 주고 있습니다. 마음이 하나의 상태로 결정되어 나타나는 과정을 서술하여 설명하면 어떤 대상 고양이에 대해 (수)에서 좋고 나쁨 중 하나의 느낌이 작용하는데 (상)의 긍정적 부정적 관념 중 하나가 연계되어 작용하고 (행)에서 기쁨 또는 두려움 중 하나가 일어나 (식)에서 앉아 주거나 피하는 하나의 분별을 한다는 예시 사례입니다. 오온은 독자적이 아니라 연계되어 작용하지만 각각의 기능을 보시면 둘이 아닌 하나로 결정되며 오온 전체의 결과 (식)의 분별 의식도 둘이 아닌 하나로 결정되는 것을 알 수 있을 것입니다. 즉 오온 각각의 성질도 오온이 연계하여

마음 작용하는 성질도 하나의 상태로 결정된다는 것이며 그래서 마음은 하나의 상태로 나타난다고 하는 것입니다. 양면성이 있는 마음이 하나의 상태로 결정 관찰되어 나타난다는 것은 양자역학의 이중성 및 관찰자효과, 중첩 및 관찰자효과의 개념과 유사한 관계성이 있으므로 하나의 상태로 나타나는 마음 작용에 대한 이해가 중요하다고 할 것입니다.

마음은 둘이 될 수 없다는 내용에 대해 보충 설명하면 좋거나 나쁘거나 아니면 좋지도 나쁘지도 않은 느낌도 중복되어 나타날 수 없으며 화가 일어나기도 화가 일어나지 않는 감정도 중복되어 나타날 수 없다는 것입니다. 좋거나 나쁘거나 화가 나고 안 나고의 상태가 수시로 중복되어 나타납니다. 라고 말씀하시는 분이 있을 수 있습니다. 이런 경우는 마음이 중복된 것이 아니라 수시로 변한다고 하는 것이 옳을 것입니다. 또한 무의식의 감정과 의식의 이성이 협조 및 대립 관계에 있다가 힘이 센 하나의 마음이 의식의 형태로 표출(관찰)되기도 합니다. 사례로 뱀을 보면서 두려움에 피하거나 뱀 주변의 사람을 구하기 위해 공격하거나 둘 중 하나의 마음으로 결정되는 것과 같습니다.

참고로 하나의 상태로 나타나는 마음도 동일 대상을 보고 있는 사람에 따라 관점이 다르다고 합니다. 그 이유는 오온 중 (수)(상)에서 작용하는 각자의 느낌 인식 기준 관념이 다른 것이 주요 요인입니다. 즉 각자마다 다른 경험과 학습 유전적 요인이 이어지기 때문이라는 것입니다. 불교 경전 중 사람의 눈에 보이는 물이 아귀의 눈에는 피고름으로 보이고 천신의 눈에는 감로수로 보인다. 는 내용이 있습니다. 어떤 대상이 보는 자의 주관적 마음에 따라 다르게 보인다는 것은 양자역학의 관찰자효과와 비유되는 유사성이 있다고도 할 것입니다.

5. 마음과 양자역학의 원리

물질처럼 보이지 않는 마음과 양자역학의 관계에 대한 이해를 위해서는 마음이 작용하는 원리와 미시세계 양자역학의 특성을 알아야 할 것입니다. 빛이나 원자와 같은 미시세계의 연구 실험 결과에서 확인되는 양자역학의 특성을 살펴보면 거시세계 물질의 속성만으로 확인할 수 없는 원리들이 작용하고 있음을 알 수 있습니다.

세상에 빛보다 빠른 것은 없다는 거시세계 국소성의 특성인 시공간 제한에 속박되지 않는 **비국소성의 원리**, 미시세계 원자 입자의 운동량 속도와 위치를 동시 측정하는 것이 불가하다는 **불확정성의 원리**, 빛 또는 원자핵의 주위를 도는 전자는 파동과 입자의 성질을 모두 갖고 있으며 관측 시 입자의 상태를 띤다는 파동 입자의 **이중성 및 관찰자효과 원리**, 원자핵을 도는 전자는 관측 전 중첩된 상태이며 전자의 이중슬릿 통과 실험에서 UP, DOWN 스핀이 관측 전 중첩되어 있다가 관측 시 UP 또는 DOWN 중 하나의 상태로만 나타난다는 논리에 근거하여 입증한 **중첩 및 관찰자효과의 원리** 등이 확인되고 있습니다.

양자역학의 특성에서 파동과 입자의 이중성이 있는 빛은 정지 상태 질량이 0이라고 할 수 있으나, 빛은 사실상 정지할 수 없는 에너지로 빛 자체의 질량을 측정한다는 것은 논리적 오류를 가지고 있다고 합니다. 그렇다면 우리가 사는 현실(거시) 세계에서 마음을 질량으로 측정할 수 있을까요? 마음도 빛과 같이 질량을 측정할 수 없는 상태라고 할 것입니다. 인간의 몸과 마음을 비유하면 몸은 거시세계 물질의 특성이 있고 마음은 미시세계 양자역학의 특성과 유사하다는 것입니다. 마음은 미시세계와 유사하게 그 특성들이 숨어 있기에 마음을 구성하는 오온과 의식 무의식의 관계를 바탕으로 양자역학의 특성과 비교 분석하여 마음과 양자역학의 작용 원리를 살펴보고자 합니다.

가. 무의식과 의식의 관찰자효과

표 4-5-1 [마음의 관찰자효과]

구분	오온					내용
	색	수	상	행	식	
2단계 마음 작용	형색	느낌	생각 인식	감정 심리	분별	(행)감정: **무의식(파동**의 상태) (식)분별: **의식(입자**의 상태)
의식 구분				**무의식**	**의식 (관측)**	관측 시 의식 **입자** 상태임 [관찰자효과]
양자역학 특성	빛 원자	UP DOWN	인식 (관측)	**파동**	**입자 (관측)**	- 마음 관찰(측) 시 의식 **(입자)** 상태임 - 빛 관측 시 알갱이 **(입자)** 상태임

마음의 관찰자효과에 대한 이해를 위해서는 무의식이 파동의 상태이고 의식이 입자의 상태를 띤다는 것을 알아야 할 것입니다. [4장 무의식과 의식을 파동과 입자로 구분하는 이유 참조]

표에서 (행)의 감정 심리 반응을 무의식의 파동 상태로 (식)의 분별 의식을 입자 상태로 분류하여 마음의 관찰자효과를 살펴보면 마음 관찰(측) 시 (행)의 무의식 파동 상태가 아닌 (식) 의식 입자 상태로 표출되어 보이는 것은 빛의 이중슬릿 관측 실험에서 관측 전 파동이 붕괴하여 관측 시 입자 알갱이 상태로 보이는 관찰자효과와 유사하다는 것을 보여 주고 있습니다. 마음 관찰 시 의식의 입자 상태로 보이는 이유는 무의식 상태에서 마음을 관찰할 수 없으므로 관찰(측) 시 의식의 입자 상태를 띠는 것입니다. 마음은 의식이 있어야 관찰할 수 있다는 기본 원리만 비유해도 쉽게 이해되는 논리일 수 있을 것입니다.

마음의 관찰자효과에 대해 보충 설명하면 오온 중 (행)에서 일어나는 분노 등 무의식의 감정이 의식으로 표출(관찰)될 때는 무의식의 파동에너지가 붕괴하여 화가 난 마음 상태, 화가 난 표정, 화가 난 행동 등 분별 의식의 입자 상태로 변해 있다는 것입니다. 그래서 마음 관찰(측) 시 의식의 입자 상태로 표출되어 보인다는 것이며 빛의 관측 실험에서 관측 시 입자 알갱이로 보이는 관찰자효과와 유사하다는 것입니다. 마음의 관찰자효과는 마음의 이중성 및 중첩 원리와 연계하여 계속 설명될 것이니 마음 작용과 양자역학의 원리 이해에 도움이 되었으면 합니다.

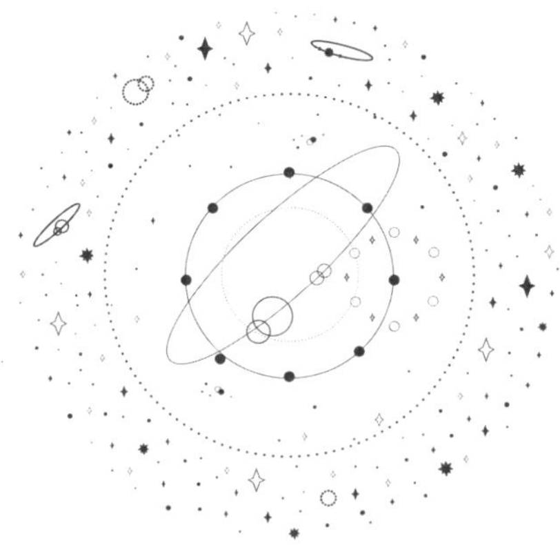

나. 마음의 이중성 및 관찰자효과

표 4-5-2 [마음의 이중성 및 관찰자효과]

구분	오온					내용
	색	수	상	행	식	
2단계 마음 작용	대상	**느낌**	생각 인식	심리 감정	분별	(행)감정: **무의식(파동**의 상태) (식)분별: **의식(입자**의 상태 - 관측)
의식 구분				**무의식**	**의식 (관측)**	**마음 관측 전(무의식∞의식)[이 중성]** 관찰 시 무의식 붕괴 의식의 **입 자** 상태로 보임**[관찰자효과]**
양자역학 특성	빛 원자	UP DOWN	인식 (관측)	**파동**	**입자 (관측)**	**빛 관측 실험 전(파동∞입자) [이중성]** 관측 시 파동 **붕괴** 알갱이 **입자** 상태로 보임**[관찰자효과]**

　　마음의 이중성 및 관찰자효과를 양자역학의 특성에 비유해 분석하기 위해서는 (행)의 감정 심리 반응 무의식이 파동 상태이고 (식)의 분별 의식이 입자 상태로 이중성의 특성이 있다는 것을 이해하는 것이 중요합니다. 오온 중 (행)의 심리 감정 무의식과 (식)의 분별 의식이 별개로 분리된 것이 아니라 서로 연계되어 마음 작용한다는 것입니다. 즉 (행)(식)이 이중성의 상태로 있다가 마음으로 표출(관찰)될 시 (행)의 심리 감정 무의식 파동 에너지 상태가 붕괴하여 (식)의 분별 의식 입자 상태를 띤다는 것입니다. 빛의 관측 실험에서 빛은 파동과 입자의 이중성이 있고 관측 시 파동이 붕괴하여 입자 상태를 띤다는 이중성 및 관찰자효과와 유사하다는

것을 보여 주고 있습니다.

마음의 작용 원리와 양자역학의 특성인 이중성 원리 및 관찰자효과에 대해 보충 설명하면 빛이나 원자핵을 도는 전자는 파동과 입자의 성질을 모두 가지는 이중성이 있으며 관측 시 파동의 성질이 붕괴하여 입자의 상태로 관측된다는 관찰자효과가 있다고 합니다. 마음도 (행)의 무의식은 파동의 상태이고 (식)의 의식은 입자의 상태로 이중성의 성질을 가지며 마음 관찰(측) 시 의식의 입자 상태로 관찰되는 관찰자효과가 있다는 것입니다. 마음 작용 원리가 양자역학의 특성인 이중성 및 관찰자효과와 유사하다는 것을 비유하여 확인해 주고 있는 것입니다.

1) 파동과 입자의 이중성 및 관찰자효과 실험 사례

1801년경 토마스영은 빛의 이중슬릿 실험을 통해 빛은 파동임을 입증했고 1905년경 아인슈타인은 광전효과 실험을 통해 빛은 알갱이 즉 입자라고 하였습니다. 그렇게 빛은 입자인지 파동인지 논란이 계속되다가 1920년도 경 빛은 입자이면서 파동이라는 양자역학의 이중성 원리를 인정하기 시작했습니다. 즉 빛은 파동과 입자가 별개로 존재하는 것이 아니라 상호 작용하는 이중성의 특성이 있다는 것을 인정한 것입니다. 또한 빛의 이중슬릿 통과 실험에서 관측 전에는 간선 무늬가 생기는 파동의 상태로 있다가 관측 시 파동의 상태가 붕괴하여 입자의 상태로 보인다는 것은 관측으로 인해 상태가 변하는 관찰자효과 특성도 있다는 것이 확인되었습니다.

원자핵을 도는 전자의 실험 관측에서도 전자는 질량이 있는 입자이지만 파동의 성질도 가지고 있다는 것이 확인되며 미시세계 양자역학의 원리들이 하나둘씩 알려지기 시작했습니다. 전자도 파동과 입자가 별개로 존재하는 것이 아니라 상호 작용하는 양자역학의 이중성 특성이 있다는 것입니다. 또한 원자핵 주위에 분포한 전자(입자)를 궤도별로 관측할 수 없고 하나의 상태로만 관측할 수 있다는 것은 양자역학의 관찰자효과를 보여 주는 것입니다. 빛이나 원자의 실험 사례에서 파동과 입자가 별개로 존재하는 것이 아니라 상호 작용하는 이중성의 특성이 있다는 것은 거시 세계의 모든 물질도 쪼개고 쪼개면 원자로 구성되어 있기에 파동과 입자의 성질을 가지고 있다는 것이 연계되어 확인되고 있는 것입니다.

2) 무의식 의식의 이중성 및 관찰자효과(마음의 이중성 보충 설명)

빛이 파동과 입자의 성질을 모두 가지는 이중성의 특성이 있는 것처럼 마음을 구성하는 오온 중 (행)의 무의식과 (식)의 의식도 서로 별개가 아닌 이중성의 마음이 작용한다고 볼 수 있습니다. 빛의 파동과 입자를 동시에 관측할 수는 없지만, 별개로 존재하는 것이 아니라는 양자역학의 이중성 원리와 유사하게 마음을 구성하는 무의식과 의식도 동시에 관찰되지는 않지만, 별개로 존재하는 것이 아니라 상호 작용하는 이중성의 특성이 있다는 것입니다. 또한 (행)의 무의식과 (식)의 의식이 빛의 파동과 입자처럼 상호 작용하는 이중성을 띠고 있다가 관찰(측) 시 의식의 입자 상태로만 관찰되는 관찰자효과가 있다는 것은 앞서 설명이 계속 이어지고 있으니 마음의 이중성 및 관찰자효과 개념 정리에 도움이 되었으면 합니다.

마음의 이중성 및 관찰자효과에 대해 다시 보충 설명하면 마음이 의식으로 관찰되기 전 무의식과 의식이 파동과 입자의 이중성 상태에 있다가 (식)에서 의식으로 관찰될 시 무의식의 파동 상태가 붕괴하여 입자 상태를 떤다는 것입니다. 즉 마음으로 표출되는 것은 의식이 있기 때문이며 이때 (식)의 의식에서 인식 분별하는 마음은 의식의 입자 상태라는 것입니다. 무의식과 의식이 마음이 관찰되기 전 파동과 입자의 이중성 상태에 있다가 마음 관찰 시 파동이 붕괴하여 의식의 입자 상태를 떤다는 것은 양자역학의 이중성 원리 및 관찰자효과와 유사한 특성이 있다는 것을 확인하여 주고 있는 것입니다.

마음 관찰 시 유의할 사항은 (행)의 무의식을 파동으로, (식)의 의식을 입자로 단정하여 접근하는 것은 미시세계 양자역학의 이중성 원리 특성을 심도 있게 고려하지 않은 오류가 있을 수 있습니다. 왜냐하면 (행)의 무의식도 파동으로 보이지만 입자의 성질을 갖고 있고 (식)의 의식도 입자로 보이지만 파동의 성질을 가진 이중성의 속성이 있다는 것입니다. 즉 빛이나 원자를 쪼개고 또 쪼갠다 가정해도 양자역학의 특성상 파동과 입자의 이중성이 소멸하는 것이 아니라는 것이며 마음을 쪼개고 또 쪼갠다 해도 무의식 의식의 이중성 관계가 소멸하지 않는 관계성이 있다는 것입니다. 사례로 (행)의 무의식에서 일어나는 분노의 감정은 표상이 없는 무형의 파동 상태로 보이지만 그 안에서 무언인가가 부딪치는 입자가 공존하는 상태라는 것이며 (식)의 의식에서 분노가 표출되는 것도 입자 상태로 보이지만 그 안에 무엇인가 조화를 이루는 파동이 공존하는 상태라는 것입니다.

현실 세계 일상에서 오가는 말들 "열받게 하지 마!"는 열받으면 분노가 커진다는 말의 의미를 담고 있습니다. (열) 온도가 올라가면 파동에너지보다 입자의 활동이 활발해지는 파동과 입자의 특성이 말 한마디에 담겨 있다고 볼 수 있는 것입니다. 분노의 감정을 파동과 입자의 상호 작용으로 비유하여 분석해 보면 (행)이라는 무의식의 공간에 있는 분노 감정 파동에너지에 열받게 하면 (열) 온도가 올라갈 것이고 파동이 붕괴하면서 분노 입자가 활성화되어 (식)의 의식에서 입자들이 부딪히는 폭력 등 어리석은 분별 행동으로 표출될 수 있다는 것입니다. 무의식의 파동과 의식의 입자가 별개로 분리되어 작용하는 것이 아니라 상호 관계에서 상태가 바뀐다는 것을 보여 주고 있습니다. 일상에서 분노가 일어나 다투는 사례도 파동과 입자가 별개가 아니라 연계되어 작용한다는 이중성의 원리를 보여 주고 있는 것입니다.

다. 마음의 중첩 및 관찰자효과

마음의 중첩과 관찰자효과를 분석하기 위해 양자역학의 중첩이 무엇인지 실험 연구 사례를 통해 알아보고 마음 작용의 중첩 원리와 양자역학의 특성이 유사하다는 것을 서로 간의 관계를 접목해 분석해 보고자 합니다.

1) 전자스핀의 UP, DOWN 중첩과 관찰자효과

1922년 슈테른 게를라흐는 은 원자를 가열해 자기장 쪽으로 쏘아 스크린에 찍히는 입자의 점을 확인한바 연속적이지 않고 상하 방향 두 개의 뚜렷한 점만 나타나는 실험 결과를 보였다고 합니다. 이 실험에서 원자는 불연속적이며 양자화된 값을 가진다는 것을 확인했으며 계속된 연구에서 양자화된 값은 관측 전에 중첩되어 있다가 관측 시 하나의 값으로만 상태가 결정된다는 것을 알아냈다고 합니다.

슈테른 게를라흐 실험

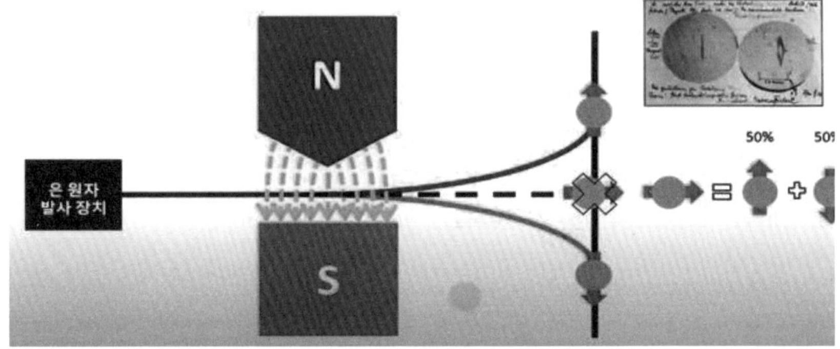

(그림 출처: 유튜브 양자역학 강의)

위 그림은 전자의 UP, DOWN 스핀을 자기장에 통과시키는 실험 예시로 전자의 스핀은 UP 또는 DOWN 중 힘이 작용한 각자의 방향으로 스핀이 움직인다고 합니다. 그런데 수평 방향으로 보낸 스핀은 수평 방향에서 아무것도 관측되지 않았다는 것입니다. 수평 방향에서 아무것도 관측되지 않은 이유는 관측 시 스핀이 UP 또는 DOWN 방향 어느 쪽이든 한쪽으로 양자화되어 관측되었다는 것입니다. 즉 계속된 실험에서 전자스핀 관측 시 UP과 DOWN 둘 중 하나의 스핀만 보였다는 것입니다. 수평 방향으로 힘을 가한 스핀이 관측 시 UP 또는 DOWN 중 어느 한 방향으로만 결정되어 관측된 것은 수평 방향 스핀이 관측하기 전 UP과 DOWN 스핀을 모두 가진 중첩 상태로 있었을 것이라는 연구 실험이기도 합니다. 거시세계의 고전 물리학적 현상으로는 중첩의 원인을 명확히 확인할 수 없는 미시세계 양자역학의 중첩 효과 원리를 간접적으로 보여 주는 사례라고 할 것입니다. 전자의 자기장 통과실험에서 관측 전 전자의 UP, DOWN 스핀이 중첩되어 숨어 있다가 관측 시 UP 또는 DOWN 중 한 방향의 스핀으로만 결정되어 관측된다는 것은 미시세계 양자역학의 중첩 상태 및 관찰자효과 특성을 연계하여 확인해 주고 있는 것입니다.

2) 거시세계와 미시세계 양자역학의 중첩 원리 차이점

미시세계 양자역학으로 설명되는 중첩 및 관찰자효과는 거시세계 물질의 속성과는 어떤 차이가 있는 것일까요? 결과부터 정의하면 중첩 상태에 있는 결괏값의 변수가 양자역학으로 설명되는 미시세계에서는 관측 전 숨어 있어 보이지 않는 상태이며 거시세계에서는 관측 전 결괏값의 변수를 볼 수 있다는 것입니다. 보충 설명하면 관측되는 결괏값의 변수가 관측하기 전 숨어 있었는지 보이는 상태였는지에 따라 중첩의 의미를 미시세계 또는 거시세계로 다르게 해석하면 양자역학의 세계를 이해하는 데 도움이 될 것입니다.

전자의 자기장 통과 실험에서 스핀의 UP DOWN이 관측 전 보이지 않고 숨어 있다가 관측 시 UP 또는 DOWN으로 결괏값이 관측된다는 것이 미시세계 양자역학의 중첩 및 관찰자효과 특성이라 할 것이며, 동전 돌리기 게임에서 동전의 앞면과 뒷면은 관측 전 이미 보이는 상태였고 관측 시 결괏값이 앞면 또는 뒷면으로 관측된다는 것이 거시세계 물질의 속성으로 구분되는 것입니다.

양자역학으로 설명되는 미시세계 중첩 및 관찰자효과는 관측 전 결괏값의 변수가 중첩되어 숨어 있는 상태이며 관측 시 하나의 변수만 관측된다는 의미를 전자의 UP DOWN 스핀 자기장 통과 실험에 연계하여 설명하고 있는 것입니다. 즉 UP DOWN 스핀이 결괏값으로 관측되기 전 어떤 상태의 변수가 있었는지 그 속성을 볼 수 없고 관측된 결괏값에 의거하여 관측 전 양자화된 숨은 변수 UP DOWN 스핀이 중첩되어 있었다고 추론하여 확인하는 것입니다.

그렇다면 고전물리학으로 설명되는 거시세계의 중첩 및 관찰자효과는 어떻게 설명할 수 있을까요? 거시세계는 이분법적인 물질의 속성상 미시세계 양자역학의 중첩 및 관찰자효과를 동일시하여 접목하는 것은 논리적 한계가 있다고 할 것입니다. 사례에서 동전 돌리기의 결괏값과 변수를 비유하는 것은 거시세계와 미시세계의 중첩 및 관찰자효과의 차이를 구분하여 설명하기 위한 것입니다. 미시세계와 다르게 거시세계에서는 관측되는 결괏값의 변수를 관측 전에 이미 양립하여 알 수 있다고 하였습니다. 즉 이미 양립으로 정해진 결괏값의 변수가 보인 상태에서 실험 관측한다는 것이며 관측할 결괏값의 변수가 숨어 있는 것이 아니라 이미 거시세계에서 양립하고 있는 관계라는 것입니다. 다시 동전 놀이 사례를 보면 동전을 돌릴 시 결정되는 결괏값의 변수 앞면 또는 뒷면은 관측 전에 이미 양립하여 보이는 상태이고, 동전이 있거나 없거나 하는 유무의 결정도 이미 양립하는 변수의 결괏값을 아는 상태에서 실험 관측하여 동전이 앞면인지 또는 뒷면인지, 동전이 있는지 없는지 등 관측 결괏값을 얻는다는 것입니다.

위에서 살펴본 바와 같이 미시세계 양자역학의 중첩 및 관찰자효과를 거시세계 물질의 속성과 비유한다면 그 차이점은 관측 전 양자화된 결괏값의 변수가 숨어 있느냐 드러나 있느냐로 구분해 볼 수 있는 것입니다. 미시세계 양자역학의 중첩 및 관찰자효과를 거시세계와 비유하여 분석하는 이유는 미시세계 속성이 있는 마음 작용 과정에서 거시세계 몸의 오감이 밀접하게 관계되기 때문입니다. 하지만 마음은 미시세계 양자역학의 원리처럼 결괏값의 변수들이 숨어 있어 오감으로 보이는 거시세계 물질의 속성만으로는 마음의 중첩 상태를 관찰할 수 없습니다. 특히 마음 깊은 곳에서 작용하는 (수)의 좋고 나쁜 느낌은 무의식의 파동 상태로 중첩되어 숨어 있다가 (상)의 생각(인식)이 연계되는 순간 좋고 나쁨 중 하나가 내면 의식의 입자 상태로 결정되어 관측되는 마음 작용을 하는 것입니다. 이렇게 (수)의 좋고 나쁜 느낌이 (상)의 생각(인식)과 연계하는 마음 작용이 양자역학의 중첩 및 관찰자효과와 유사함을 보이기에 세부적으로 분석해 보고자 합니다.

3) 느낌(좋고, 나쁨)의 중첩 및 관찰자효과

표 4-5-3 [마음의 중첩 및 관찰자효과]

구분	오온					내용
	색	수	상	행	식	
2단계 마음 작용	형색	느낌 (좋음 ∞ 나쁨)	생각 인식 (관측)	심리 감정	분별	마음 관찰 전 **좋음∞나쁨 [중첩 상태]** 관찰(생각) 시 **좋음 나쁨** 중 하나만 보임 **[관찰자효과]**
양자역학 특성	**빛 원자**	전자스핀 (UP ∞ DOWN)	**실험** (관측)	파동	입자	실험 관측 전 UP∞DOWN **[중첩상태]** 관측(실험) 시 UP DOWN 중 하나만 보임 **[관찰자효과]**

표에 의거, 마음의 중첩 및 관찰자효과를 양자역학의 특성에 접목해 살펴보면 마음 작용 과정에서 (수)의 좋고 나쁜 느낌이 중첩되어 있다

가 (상)의 생각이 연계될 시(관찰 시) 좋음, 나쁨 중 하나로 관찰(결정)되는 것을 보여 주고 있습니다. 또한, 양자역학의 중첩 및 관찰자효과는 UP DOWN 전자스핀이 중첩되어 있다가 실험 관측 시 UP DOWN 중 하나의 결괏값만 얻는다는 것입니다. 마음 관찰과 양자역학의 실험 관측에서 중첩 및 관찰자효과의 유사성이 있다는 것을 연계하여 보여 주고 있습니다.

미시세계 원자의 실험 연구 사례에서 원자핵 주의에 분포한 전자(입자)를 동시에 관측할 수 없고 하나의 상태로만 관측할 수 있다는 것은 양자역학의 중첩 및 관찰자효과의 특성을 보여 주는 것이라고 합니다. 또한 전자가 입자이면서 파동인 이중성의 특성도 있다는 것은 미시세계 중첩과 이중성 원리가 별개로 분리된 것이 아니라는 것을 확인해 주고 있습니다. 양자역학의 중첩 및 관찰자효과 특성을 전자스핀의 UP DOWN으로 설명하는 것은 원자핵을 돌고 있는 전자의 관측 실험과 전자스핀의 자기장 통과 실험 모두에서 전자를 관측한 실험이 진행되었으며 양자역학의 특성 이해에 편리하기 때문입니다. 또한 슈테른 게를라흐의 전자 자기장 통과 실험에서 전자스핀의 UP DOWN 관측 원리를 이용해 양자역학의 특성인 중첩 및 관찰자효과가 연계되어 입증되고 있기에 전자스핀의 UP DOWN 중첩 및 관찰자효과와 마음 작용의 관계를 접목하여 분석하는 것입니다.

마음의 속성상 좋고 나쁨의 느낌이 관찰(측)되기 전 외부로 드러나지 않고 숨어 있는 것은 전자의 스핀 관측 시 UP, DOWN 결괏값의 변수가 관측 전 숨어 있는 미시세계 양자역학의 중첩 원리와 유사성이 있다고 할 것입니다. 특히 (수)의 좋고 나쁜 느낌은 보이지 않는 마음 깊은 곳에서 숨은 변수로 작용하고 있기에 양자역학으로 설명하는 미시세계 특성과 연계해 마음의 구조를 살펴보고 있는 것입니다.

앞서 설명에서 (수)의 좋고 나쁜 느낌 반응은 무의식의 파동에너지 상태를 띤다고 하였습니다. 느낌이 의식으로 관찰(측)되기 전 좋고 나쁨이 파장이나 주파수에 의거, 파동에너지 상태로 중첩되어 있을 수 있다는 것입니다. 원자 입자가 관측되기 전 파동의 상태를 띠는 원리와 유사합니다. 마음 관찰 과정에서 느낌과 생각에 혼선을 일으키는 이유도 좋고 나쁜 느낌이 중첩되어 위치를 특정할 수 없는 파동에너지 상태를 띠고 있기 때문일 수 있습니다. 사람들이 좋고 나쁜 느낌에 대해 일상에서 상시 표현하는 사례들은 느낌이 수시로 일어나고 있다는 것을 보여 주고 있습니다. 이렇게 느낌은 마음 작용과 밀접하게 연계되어 있으며 마음이 일어나는 시작점으로 볼 수 있습니다. 그러므로 좋고 나쁜 느낌과 양자역학의 중첩 및 관찰자효과에 대한 마음 분석이 필요한 것입니다.

오온 중 (수)에 좋고 나쁨의 느낌이 숨어 있는 중첩 상태에서 무엇이 어떻게 연계되어 좋고 나쁨 중 하나로 관찰(측)될까요? 여기서 마음 작용 중 관찰(측)이 무엇인지는 그 의미가 매우 중요한 사항이라고 할 수 있습니다. (수)의 좋고 나쁜 느낌이 연계되는 관찰(측)은 (수)(상)의 관계에 대한 이해가 필요합니다. (수)의 좋고 나쁜 느낌은 독자적이 아니라 (상)과 직접적 동시적으로 연계되어 작용하고 있다는 것을 알고 접근해야 이해에 도움이 된다는 것입니다. 오온의 마음 작용 중 (수)의 느낌과 (상)의 생각 인식은 무엇이 우선이라고 구분하는 것이 어려울 정도로 서로 직접적 동시적으로 연계되어 작용합니다. (수)에 좋고 나쁨의 느낌이 중첩되어 있다가 (상)에서 생각 인식이 일어나는(관측) 순간 좋고 나쁨 중 하나가 연계되어 결괏값으로 결정되는 중첩 및 관찰자효과가 작용한다는 것입니다. 즉 (수)의 좋고 나쁜 느낌 중첩 및 관찰자효과는 (상)의 생각 인식이 일어나는 관찰(측) 없이는 이해할 수 없을 것이기에 (수)(상)이 연계되어 마음 작용하는 관계 사례에 의거하여 마음의 중첩 및 관찰자효과에 대해 살펴보고자 합니다.

주변에서 나를 놀린다는 생각에 나쁜 느낌이 작용하는 과정을 사례로 살펴보겠습니다. 주변의 어떤 상황(색)이 오온의 연계 과정 중 (수)에 좋고 나쁜 느낌이 중첩된 상태에서 (상)의 놀린다는 생각이 인식되는 순간 나쁨이 연계되어 작용한다는 것입니다. 이때 생각을 관찰(측)로 치환하면 (상)에서 놀린다는 생각(관찰) 시 (수)에 중첩 상태로 있던 좋고 나쁨 중 하나인 나쁨이 연계해 내면 의식의 입자로 변환되어 관찰(측)되는 것입니다. 보충 설명하면 (수)의 느낌 좋고 나쁜 중첩 상태는 무의식으로 파동에너지 상태이며 (상)에서 놀린다는 생각(관측) 시 나쁨이 놀린다는 생각과 연계하여 입자 상태로 관찰(측)된다는 것입니다.

또 다른 사례로 뱀을 보았을 때 (수)(상)에서 좋고 나쁜 느낌 인식과 두려움의 감정이 일어나는 상황을 살펴보겠습니다. 산길에서 뱀을 보았을 때 (상)에서 위험한 뱀이라는 표상을 생각 인식(관찰)할 시 (수)에 중첩 상태로 있던 좋고 나쁨 중 하나가 연계되어 나쁨으로 결정된다는 것입니다. 이때 (수)의 나쁨은 (상)의 위험한 뱀이라는 표상의 인식(관찰)과 직접적 동시적으로 연계되어 작용하며 (행)에서 두려운 감정이 일어나도록 이어지는 것입니다. 참고로 마음 관찰 과정에서 위험한 뱀이라는 생각 인식의 표상이 과거세 유전적인 요인인지 현세의 경험 학습으로 입력된 것인지 알 수 있으면 무의식의 세밀한 부분까지 분석할 수 있겠으나 사실상 유전적 요인의 관계까지 관찰하기에는 어려운 과제라고 할 것입니다.

불교 경전에서 (수)의 느낌이 좋지도 않고 나쁘지도 않은 상태라는 마음은 어떤 경우를 말하는 것일까요? 좋지도 나쁘지도 않은 것은 (수)의 좋고 나쁜 느낌이 (상)에서 생각(관찰)과 연계되기 전 파동의 중첩 상태에 있는 것을 의미하는 것으로 보입니다. 즉 (수)에 있는 좋고 나쁨이 무의식의 파동 상태라는 것이며 (상)의 생각이나 인식에 의한 의식의 관측이 일어나기 전 무념의 상태라고 저자는 해석해 보기도 합니다. 참고로 (수) (상)의 관계에서 (수)의 좋고 나쁜 느낌 반응은 무의식으로 파동의 성질을 띠고 (상)은 무엇인가에 대해 생각 인식하는 관측 형태의 내면 의식으로 입자의 성질을 띠는 것은 양자역학의 중첩 및 이중성 특성이 별개로 분리되어 설명되는 것이 아니라는 것을 확인해 주고 있기도 합니다.

라. 마음의 비국소성 및 불확정성 원리

마음이 과거세에서 현세로 현세에서 미래세로 이어진다는 것은 미지의 영역이라 할 수 있지만 우리의 마음을 담은 뇌가 우주의 무궁무진한 시공간과 연계되어 있다고 상상해 볼 수 있지 않을까요? 우리의 마음이 뇌 안의 수많은 뉴런 세포들과 그물망처럼 연결되어 우주 공간에 흐르는 에너지들과 연계되어 있다고 볼 수 있다는 것입니다. 138억 년이라는 우주의 나이에 비하면 인간이 태어나고 죽는 시간은 빛의 속도로 환산하기 어려울 정도로 순간 지나가는 찰나일 것입니다. 우주를 구성하고 있다고 상상한 축소판의 뇌 안에서 과거 현재 미래의 어떤 시공간이 오고 간다면 국소적인 관점으로 관측하기 어려운 찰나의 순간이 인간의 삶이라 할 것입니다. 즉 마음이 우주 공간에 연계되어 과거세 현세 미래세의 시공간을 오갈 수 있다는 논리는 빛보다 빠른 것이 없다는 국소성의 원리에 속박되지 않는 양자역학의 비국소성 원리와 유사한 특성이 있다는 것을 설명하여 주고 있습니다. 인간의 마음이 보이지 않지만 우주 공간 어디엔가 연계되어 파동의 에너지로 흐를 수 있다는 것입니다.

실질적으로 지구상에 인간처럼 과거 현재 미래의 시공간을 연계시켜 생각하고 상상하여 예측하는 생명체는 없을 것입니다. 인간의 마음에는 현재라는 국소성의 한계만으로 해석될 수 없는 무한한 시공간이 내재하여 있으며 과거세 현세 미래세가 단절된 것이 아니라 연계되어 흐를 수 있다는 것입니다. 과거세 현세 미래세로 이어지는 생명체의 유전적인 요인들만 보더라도 마음이 어떤 특정 시공간에 머물러 있다는 국소적인 주장은 많은 논란이 될 수 있을 것입니다. 그러나 현세에 의식으로 인식되는 표상의 마음이 과거세 어느 시공간에서 생성되어 이어지는지 확인할 수 없는 것이 유전적인 요인들입니다. 사례로 악어와 악어새의 공생관계 표상이 과거세 어느 시공간에서부터 만들어져 이어져 오는지 확인할 수 없다는 것입니다. 즉 공생관계라는 의식의 마음이 일어난 위치를 알아도 그 마음이 생성된 시공간을 확인할 수 없다는 것이며 위치와 시공간의 운동량을 동시에 알 수 없다는 양자역학의 불확정성 원리와도 유사성이 있다는 것을 보여 주고 있는 것입니다.

우리는 일상에서 오감으로 보이면 있는 것이고 안 보이면 없는 것이라고 말하곤 합니다. 그런데 우주라고 상상한 시공간의 뇌에서 오감의 의식으로 보이는 것은 빙산의 일각이라고도 할 수 없을 정도로 아주 미세한 영역이라 할 것입니다. 즉 뇌 안에는 현세의 의식으로 인식하지 못하는 수많은 시공간을 담고 있을 수 있다는 것입니다. 우주가 탄생하여 이어져 온 광활한 시공간에서 현세의 의식으로 인식하고 사는 삶은 찰나의 시간일 것입니다. '전도몽상'. 우리가 꿈과 같은 세상에서 착각 속에 사는 것이라고 불교 경전에서 전해져 오는 내용에 대해 겸허한 마음이 들게 합니다. 인간의 몸으로 태어난 부처님이 깨달아 전생을 보았다는 것도 마음과 우주 공간의 관계, 뇌 활동 영역과의 연계성에 대해 부정할 수 없는 논리로 다가옵니다. 그만큼 무궁무진한 무의식의 시공간이 뇌와 우주 공간에 연계되어 흐를 수 있다는 것입니다. 현세에 태어난 인간이 오감으로 인식하고 분별하며 사는 의식의 삶이 광활한 우주의 시공간에 비유한다면 한 점 먼지 정도일 것입니다. 우리에게 보이는 세상이 전부인 것처럼 착각 속에 사는 것은 아닌지 되돌아보아야 하지 않을까요. 국소적인 관점만으로 설명할 수 없는 마음 작용 원리를 미시세계 양자역학의 불확정성 원리와 의식 무의식의 관계를 접목하여 살펴보고자 합니다.

1) 의식과 무의식의 불확정성 관계

의식과 무의식의 불확정성 관계를 알기 위해서는 입자와 파동의 관계에 대한 원리 이해와 접근이 필요합니다. 어떤 대상 사물, 표상에 대해 인식 분별하는 의식은 입자의 상태를 띠고 어떤 대상 사물, 표상에 대한 느낌 감정 반응의 무의식은 파동의 상태를 띤다고 앞서 설명하였습니다. 파동과 입자의 특성에 연계해 의식과 무의식의 관계를 살펴보면 어떤 대상에 대해 인식 분별하는 의식은 관측되는 입자 상태이기 때문에 그 위치를 확인할 수 있지만 의식으로 관찰되기 전 느낌 감정 반응 무의식은 파동의 상태이기에 그 시공간을 특정하여 확인할 수 없는 상태입니다. 즉 마음의 위치와 시공간을 동시에 확인할 수 없다는 양자역학의 불확정성 원리와 유사성을 보여 주는 것입니다. 의식과 무의식의 관계를 또 다른 측면에서 접근하면 느낌이나 감정 심리 반응 무의식은 파동의 성질을 띠고 있어 특정 위치를 확인할 수 없으나 의식에 의거 감정이 일어난 시간은 알 수 있을 것입니다. 즉 분노 등 감정이 분별 행동으로 관찰(측)되어 일어난 시간은 알 수 있지만 관찰(측)되기 전 분노의 감정은 파동에너지 상태로 어디에 있었는지 위치를 특정하여 확인할 수 없는 것입니다. 결과론적으로 무의식과 의식의 마음을 동시에 알 수 없다는 것이며 시간과 공간의 위치를 동시에 확인할 수 없다는 양자역학의 불확정성 원리와 유사성을 보충 설명해 주고 있는 것입니다. 마음 관찰 시 의식과 무의식의 관계도 불확정성의 관계와 연계하여 살펴볼 필요가 있다는 것입니다.

의식의 입지와 불확정성의 관계에서 유의하여 관찰할 사항은 현세의 마음 작용인 (식)의 의식보다는 과거세가 연계된 (상)의 내면 의식이 양자역학의 불확정성을 유발하는 요인이 광범위하다는 것입니다. 이유는 과거세의 마음 의식은 언제 어느 시공간에서 만들어졌는지 알 수 없기 때문입니다. 오온 중 (상)의 내면 의식이 과거세와 연계하여 마음 작용한다는 근거는 [4장 본능의 뇌 활동과 유전적 관계]를 참조하시면 도움이 될 것입니다.

(상)의 내면 의식이 양자역학의 불확정성 원리와 연계되는 사례로 꿈꿀 때를 상상해 볼 수 있습니다. 저자의 경우 꿈속에서 현세에 한 번도 경험하거나 학습하지 않은 벌레 등 표상(형색)들이 나타나기도 했습니다. 이때 현세에서 인식하지 않은 표상들은 언제 어디에 있다가 꿈속에서 나타난 것일까요? 꿈속의 과거세 표상은 무의식 속 내면 의식 (상)에 연계하여

나타난 것으로 보입니다. 이때 꿈속에 비추어진 과거세 표상은 내면 의식 (상)에 연계되어 보일 수 있으나 그 표상이 만들어진 과거세의 시공간을 알 수는 없습니다. 즉 현세의 꿈에 나타난 과거세 표상은 내면 의식에 연계되어 인식할 수 있지만 그 표상이 만들어져 이어져 온 과거의 무의식 속 시공간은 알 수 없다는 것이며 위치와 시공간을 동시에 확인할 수 없다는 양자역학 불확정성 원리와 연계지어 유사성을 보여 주는 사례라고 할 수 있을 것입니다.

5장

언어의 파동과 입자 관계성

우주가 파동과 입자의 양자적 특성이 있다는 것은 미시세계 양자역학의 특성들이 확인되면서 다시 입증되고 있습니다. 마음도 파동과 입자의 이중성을 가지고 있다는 것은 앞서 [4장 마음과 양자역학의 원리]에서 설명하였으니 참고하였으면 합니다. 그렇다면 마음 작용과 분리할 수 없을 정도로 밀접하게 연계된 언어의 세계는 파동과 입자의 관계에서 어떻게 작용할까요? 언어의 세계와 파동 입자와의 관계 그 마음 작용의 이해를 위해 언어의 구성요소를 살펴보고 마음 구조와 연계해 분석해 보고자 합니다.

1. 언어의 구성요소 및 개념

지구상에 인간처럼 다양한 언어로 소통하는 생명체는 없습니다. 또한, 언어를 문자로 표기하여 공유하는 것은 생명체 중 인간뿐입니다. 인간의 언어 체계는 기표, 의미, 조합으로 구성되어 뇌에서 인식의 틀을 거쳐 서로 간에 소통 수단으로 활용되고 있습니다. 이때 언어의 구성요소 중 포괄적 크기를 비교해 보면 조합이 가장 광범위하고 의미, 기표의 순으로 볼 수 있습니다.

언어는 소쉬르, 라깡 등 학자들에 의해 기표와 기의로 분리하여 이름과 의미를 해석하였으며 언어권마다 그 이름의 표기 방법이 다르게 쓰이고 있습니다. 예로 한글에서 나무라고 이름 붙여 표기한 것을 영어권에서는 Tree라고 표기하고 있습니다. 이때 나무의 의미는 보이는 형색의 (상) 이외 땔감, 건축자재, 조형물 등 무수한 곳에 작용하므로 이름으로 지어진 기표(표기) 이외 광범위한 의미를 지니고 있습니다. 언어의 구성요소 중 이름의 기표보다는 의미의 범위가 크다는 것입니다.

조합은 의미들의 조합인데 사례로 '내가 산에 간다. 산에 내가 간다.' 등 기표의 이름 및 구성이 바뀌어 있어도 그것을 조합한 부분까지 창의적으로 해석할 수 있는 것으로 언어의 기표 이름이나 의미를 조합하여 해석하는 것입니다. 조합은 언어의 기표 및 의미 인식 차원을 넘어 포괄적으로 분별하는 능력까지 광범위하게 포함한다고 할 것입니다.

2. 언어와 뇌 마음의 관계

표 5-2-1 [단계별 마음 작용과 뇌와의 관계]

구분	오온					내용
	색	수	상	행	식	
1단계 마음 작용	대상	오감	표상	의지	**인식**	1단계: 대상의 이름을 인식하는 과정
2단계 마음 작용	대상	느낌	인식	심리	**분별**	2단계: 대상에 대한 심리 및 분별 과정
뇌 활동과 관계		간뇌, 뇌간, 기저핵		변연계	**대뇌 피질**	언어의 기표 및 의미 인식 및 조합은 주로 대뇌피질에서 작용함

언어는 주로 뇌의 어느 영역과 연계성이 클까요? 과학자들이 연구한 내용을 보면 언어를 생성 전달하는 말은 대뇌피질의 브로카 영역에서 언어의 의미를 이해하는 것은 대뇌피질의 베르니케 영역에서 작용한다는 것을 브로카 실어증 사례와 베르니케 실어증 사례에서 확인하였다고 합니다.

인간은 태어난 후 언어의 기표 이름과 의미 조합의 관계를 배우며 언어의 세계로 들어갑니다. 언어를 배우며 성장하는 과정에서 앞서 설명한 1단계 2단계 마음 작용이 연계되며 발전해 가는데 영아기, 유아기, 어린 시절, 청소년기, 성년기의 과정을 거치며 성숙해져 갑니다. 언어를 배우는 과정은 유형의 사물에 표기된 이름 기표 의미를 인식하는 단계를 거쳐 사랑, 이별 등 무형의 이름 기표 의미를 분별하는 과정으로 진행하며 유형 무형의 이름 기표와 의미들을 조합하는 능력을 키워 가는 것입니다. 언

어의 기표 및 의미를 인식하고 조합하는 과정은 인간에게서 발달한 대뇌
피질 영역에서 주로 활동하며 오온 중 인식 분별 사고 기능이 있는 (식)의
영역에 해당한다고 할 것입니다. 보충 설명하면 언어의 기표 의미 조합이
단계별 마음 작용과 밀접하게 연계되어 있으며 오온 중 (식)의 영역이라
는 대뇌피질 영역에서 주로 활동한다는 것입니다. 언어의 사용과 대뇌피
질의 관계는 마음 작용의 원리를 분석하는데 계속되어 설명될 것이니 이
해가 필요한 부분입니다.

3. 말하기 읽기 쓰기와 마음의 관계

언어는 말할 때, 읽을 때, 쓸 때 파동과 입자의 특성이 있으며 파동의 상태를 띠는 무의식과 입자의 상태를 띠는 의식의 관계와도 밀접한 관계성이 있습니다. 즉 마음을 표현하는 언어는 미시세계 양자역학의 특성인 파동과 입자의 관계를 접목해 살펴볼 필요가 있다는 것입니다.

말할 때는 소리의 파동으로 전달되고 책을 읽을 때는 빛의 입자를 통해 받아들이며 글을 쓸 때는 외부의 소리나 빛처럼 오감의 작용에 의한 것이 아니라 오온 중 (수상행식)의 정신작용이 조합된 활동에 의거 글(색)이라는 외부의 형색 입자를 만듭니다. 말하기 읽기는 오감 중 청각이나 시각이 어떤 대상에 연계되어 단계별 마음 작용이 일어나지만 쓰기는 오감의 대상보다는 대뇌피질 영역에서 창의적인 사고의 조합에 의거하여 마음 작용하는 차이가 있습니다. 이렇게 말하기 읽기 쓰기가 미음에 작용하는 원리를 알고 접근하면 학습이나 마음 관찰의 효과가 있을 것입니다.

가. 말하기

말은 대뇌피질의 브로카 영역에서 주로 담당하는 오온 중 (식)의 활동으로 인간이 소통하기 위한 수단입니다. 말이 전달되는 소리의 파동은 공기와 부딪히는 거시세계 물질 입자의 특성으로 전달되며 의식적 행위의 입자 성질을 띤다고 할 것입니다. 그런데 말의 속성으로 들어가 보면 미시세계 파동과 입자의 이중성 특성과도 유사한 원리가 작용한다는 것을 알 수 있습니다. 말의 소리 파동은 물결의 파동과 같이 거시세계 물질 입자의 상태를 띠지만 말로 표현하는 언어의 속성에는 유형의 이름 기표 입자와 그 이름에 함축된 무형의 의미 파동이 상호 연계되어 있다는 것입니다. 언어의 이름 기표는 형상화된 입자 상태를 띠고 있으며 그 이름에 따라다니는 무형의 의미는 형색이 없는 파동의 상태라는 것입니다. 언어의 이름 기표와 의미 관계는 빛의 입자와 파동이 연계된 이중성의 원리와 유사한 특성이 있다는 것을 보여 주고 있는 것입니다. 이렇게 언어에도 우주의 원리에 의한 파동과 입자의 마음 작용이 연계되어 있다는 원리를 적용하여 언어생활과 마음 관찰에 도움이 되었으면 합니다.

1) 말의 파동과 입자의 세계

말하기에서 주의 관찰할 점은 말은 소리의 진동에 의거하여 전달되는 파동으로 미시세계 파동의 성질보다는 거시세계 물질 입자의 특성이 강하다는 것입니다. 산에서 소리의 파동이 부딪쳐 메아리가 들리는 것은 말의 소리 파동이 물질 입자의 성질이 있다는 것을 비교하여 보여 주고 있는 것입니다. 바다의 파도를 보면서 미시세계의 파동으로 보지 않고 거시세계 물질 입자의 움직임으로 보는 것과 같은 논리입니다. 거시세계 소리의 파동으로 전달되는 말은 기표 입자 속성에 의미의 파동 상태를 포함하고 있지만 외부로 표출되는 의식적인 행위로 외관상 물질 입자 상태를 띤다는 것입니다. 보충 설명하면 말의 외형은 거시세계 물질의 특성이 있지만 말의 기표 입자 속성으로 들어가면 파동의 성질을 띠는 무의식의 의미가 담겨 소통이 이루어지는 것입니다. 말로 표현하는 언어에는 어떤 이름의 기표에 의미가 담겨 있는데 대화 시 그 의미는 무의식적으로 기표와 함께 따라다니는 것입니다. 말이라는 언어의 의식적 행위에서 이름 기표는 의식의 입자, 의미는 무의식의 파동 상태를 띠고 있다는 것입니다. 일상에서 소통되는 말에도 그 속성으로 들어가면 파동과 입자의 이중성이 있는 것입니다.

　사람들이 서로 대화할 때마다 말에 대해 한마디 한마디 의미를 생각하며 말하거나 소통하지는 않습니다. 대화는 일반적으로 그때그때 현재 상황에 의거해 습관처럼 이루어지며 말을 하기 전 생각해서 하는 말은 어떤 목적성이 있을 때 한해 일부의 사례일 뿐입니다. 또한 대중을 상대로 한 강연에서도 전달하고자 하는 어떤 목적성과 관련된 단어 이름 기표들이 조합될 수는 있어도 그 조합되는 기표들은 오온 중 (상)의 또 다른 생각 과정을 거치는 과정보다는 (식)의 대뇌피질 영역에서 어떤 목적성과 연계된 의미의 단어들이 조합되어 즉각 즉각 튀어나와 말을 한다는 것입니다. 만일 외부로 튀어나오는 말에 대해 하나하나의 의미를 (상)에서 의식적으로 생각해야 한다면 서로 간의 대화에서 한마디 한마디 할 때마다 생각하는 시간이 걸릴 것이며 답답한 상황이 발생할 것입니다. 일상적인 대화 시 말은 현재진행형 소통 수단이며 (식)의 의식 영역에서 언어의 기표와 의미를 담고 있는 이중성의 특성이 함축되어 있기에 즉각적으로 소통이 된다는 것입니다.

2) 말에 담긴 속성 보충 설명

　말의 소리로 전달되는 파동은 거시세계 물질의 특성이 있지만 속성에 담긴 미시세계 파동 입자 이중성 성질과의 관계성에 대한 이해가 중요하므로 그 원리에 대해 다시 분석해 보고자 합니다. 말로 전달되는 공기 중에 소리 파동은 미시세계의 속성을 가진 빛의 속도보다 느리며 물의 파동과 비유되는 거시세계 물질 입자의 특징을 보여 주고 있습니다. 단지 말을 구성하는 요소에 유형의 이름 기표 입자와 무형의 의미 파동이 연계하는 것은 말의 언어 속성에 양자역학의 이중성 원리와 유사성한 특성이 있다는 것입니다. 파도와 같이 물질의 특성이 있는 거시세계 말의 파동에도 의식의 기표 입자와 무의식의 의미 파동이 공존하는 미시세계의 특성이 있다는 것은 거시세계와 미시세계가 별개로 분리되지 않고 상호 작용한다는 것을 보여 주고 있습니다.

물질을 쪼개고 쪼개면 원자와 소립자의 미시세계와 연계되듯이 거시세계 물질의 특성이 있는 소리 파동의 말도 그 의미까지 더 쪼개어 들어가면 미시세계 파동과 입자의 이중성을 담고 있습니다. 그만큼 물질세계에서 관측할 수 없는 무진한 관계가 우리의 생활 속에서 작용하고 있지만 보이지 않을 뿐입니다. 보충 설명하면 외부로 표출되는 말도 파도와 같이 거시세계 파동으로 물질의 특성인 입자의 상태로 보이지만 더 쪼개어 속으로 들어가면 미시세계 파동과 입자의 이중성을 담고 있다는 것입니다. 말에는 이름 기표 입자와 의미의 파동이 연계되어 상호 작용을 한다는 것이며 심도 있는 마음 관찰을 위해서는 무의식으로 따라다니는 말의 의미를 분석해 보는 관찰이 도움이 될 것입니다. 일상에서 대화하고 사용하는 말에도 자연의 속성인 양자역학의 파동과 입자 관계가 흐르고 있다는 것을 알면 언어 분석을 통한 마음 관찰에 도움이 될 것입니다.

나. 읽기

읽기는 말보다 언어의 의미를 심도 있게 비교 생각하는 기능을 합니다. 읽기도 언어이기 때문에 (식)의 대뇌피질 영역에서 주로 작용하지만 말하기와는 오감과의 관계에서 차이가 있습니다. 거시세계 말의 소리 파동과는 다르게 읽기는 시각의 빛을 통해 문자의 글을 읽는 것으로 미시세계의 특성 원리가 작용한다는 것입니다. 책을 읽는 것은 오감 중 시각인 빛을 통해 입자 상태의 문자 (색)을 받아들이는 것으로 미시세계 빛의 속성과 유사하며, 청각을 통해 전달되는 거시세계 소리의 파동과는 차이가 있습니다.

마음 작용 과정에서 오온 중 (수)(행)은 느낌 및 감정 반응으로 무의식의 파동 성질이 있고 (상)(식)은 대상을 인식 분별하는 의식으로 입자 성질이 있다고 하였습니다. 책 읽을 때를 상상해 보시지요. 책 읽으면서 (행)의 분노 감정이 일어나는지요. 책을 읽는 대다수 사람은 감정보다는 생각의 관념과 관계있다는 것을 알 수 있을 것입니다. 즉 읽기는 빛을 통해 문자 입자를 받아들이는 것으로 (행)의 감정 반응 무의식의 파동 상태보다는 (상)(식)의 인식 관념 의식의 입자 상태 변화와 큰 관계가 있다는 것입니다.

"책을 많이 읽더니 사람이 변했어." 이런 말 들어 보셨을 것입니다. 변했다는 것은 (수)(상)에 연계된 관념이 변했다는 것이며, 다르게 설명하면 (식)의 분별 의식 변화로 (상)의 생각 인식 관념까지 변했다는 것입니다. 이렇게 책을 읽을 때 오감 중 빛을 통해 문자 입자를 받아들이는 것은 사람의 분별 의식 (식)과 내면 의식 (상)의 인식 관념 입자 상태를 변화시키는 역할을 한다는 것입니다.

보충 설명하면 책 읽기는 대뇌피질 영역에 해당하는 오온 중 (식)의 분별 의식을 변화시키는 데 큰 역할을 하며 (식)의 의식 변화는 (수)(상)의 느낌 인식 관념까지 변화시키는 작용을 할 것입니다. 단지 어린이 등 어떤 기준 관념을 배워 가는 시기에는 (수)(상)의 관념 변화보다는 관념이 인식되는 시기이므로 책 읽기의 소중함이 더욱 크다고 할 것입니다. 그래서 어려서부터 아이들에게 말로 가르치는 것보다 책 읽기를 시키는 것이 중요하다는 것입니다.

책 읽기와 인식 관념의 관계를 알기 위해서는 오온 중 (상)의 인식과 (식)의 인식 기능에 대한 분석이 필요하기에 뇌 활동과 연계하여 살펴보고자 합니다. 오온 중 인식 기능이 있는 것은 (상)(식)의 의식입니다. 그렇다면 (식)의 분별 인식과 (상)의 생각 인식 관계는 어떤 차이가 있을까요? 그 의구심에 대해 살펴보면 오온 중 (상)은 생존본능 역할의 인식기능이 크고 (식)은 언어 문자와 연계된 분별의 인식기능이 큰 것으로 분석됩니다. 책을 읽을 때는 주로 (식)의 영역에서 언어 문자 이미지의 세밀한 부분까지 즉각적으로 연계되어 인식 분별하는 것으로 보이나 고양이 등 사물을 인식하는 과정은 뭉뚱그린 큰 이미지가 (상)에서 비추어 생존본능 인식 과정을 거친 후 (식)의 대뇌피질 영역에서 고양이라고 세밀한 이미지를 분별 인식한다는 것입니다. [2장 사물의 이미지 인식 차이 분석 의견 참조]

책 읽기는 (상)에 연계되는 생존본능의 사물 인식보다는 (식)의 대뇌피질 영역에서 집중하여 언어의 기표와 의미 조합에 대한 세밀한 부분까지 즉각적으로 인식 분별하고 창의적인 생각을 하는 데 효과적이라는 것입니다. 이때 실제 호랑이를 본다면 (식)의 인식 분별 전 (상)의 생존본능에 의한 인식 및 두려움 자극이 본능적으로 우선하여 일어날 수 있을 것입니다. 이렇게 (상)의 생각 인식은 본능과 연계성이 크고 (식)의 분별 인식은 언어 문자와의 연계성이 크다는 것을 알고 마음 관찰하면 의식의 이해에 도움이 될 것입니다. 즉 언어 문자의 조합을 통한 사고는 대뇌피질 영역의 기능을 활성화하는 역할을 한다는 것입니다. 책 읽기는 언어의 기표와 의미를 조합하여 (식)의 깨어 있는 의식의 힘을 키워 (상)의 생각 인식 관념까지 변화시킬 수 있는 효율적인 방법입니다. 양자역학의 특성으로 접근해 보면 입자의 성질을 띠는 (식)의 인식 분별 의식과 (상)의 생각 인식 관념 의식을 변화시키는 데는 책 읽기를 통해 문자를 빛으로 받아들이는 입자의 특성을 활용하는 것이 말의 파동보다 효율적이라는 것입니다.

다. 쓰기

말이나 읽기는 대상과 관계한 오감과 연계되어 작용하지만, 글을 쓸 때는 육체의 오감 작용보다는 오온 중 (수상행식)의 정신작용이 연계됩니다. 글을 쓰는 것은 말이나 읽기처럼 외부 대상(색)과 직접적으로 연계하는 것이 아니라 (식)의 분별 의식 내에서 한 문장 한 문장 쓰는 의미와 구성요소를 의식하면서 (상)의 내면 의식 생각과 조합을 시키는 것입니다. 글을 쓸 때는 어떤 목적성을 담고 있는 것이 일반적이며 미래지향적인 소통 수단에 해당한다고 할 것입니다. 글은 과거 현재 미래를 연결해 관찰해 볼 수 있는 수단이며 자신을 되돌아볼 수 있는 도구이기도 합니다. 글을 쓸 때는 언어의 기표와 의미 및 조합이 (식)의 대뇌피질 영역에서 의식적으로 다양하게 조합됩니다. (식)의 의식에서 외부 대상을 분별 인식하는 것이 아니라 (상)의 생각 인식 관념과 연계해 문장을 창의적으로 만들어 내는 사고를 한다는 것입니다.

글쓰기는 말하기나 읽기보다 의식의 집중도를 높일 수 있습니다. 공부할 때 말하기나 읽는 것보다 글을 쓰면서 학습하는 것도 집중하는 데 도움이 되기 때문입니다. 마음 작용 과정을 접목해 살펴보면 말하기 읽기는 오감에 의한 외부 대상(색)의 분별 인식과 연계성이 있고 글쓰기는 외부 대상(색)과 관계없이 (수상행식)의 정신작용에 의거하여 대상 글(색)을 표현하는 것으로 집중을 더 할 수 있다는 것입니다.

어떤 대상과 연계된 말하기 읽기보다 자체적 마음 작용인 글쓰기가 집중을 더 하는 이유는 무엇일까요? 말하기의 소리 파동이나 읽기의 빛 입자 관측은 속성상 파동과 입자의 이중성이 관계하므로 외부 대상이 오감과 연계되어 (식)의 분별 인식에 착각의 혼선을 줄 수 있으나 글쓰기는 외부 대상의 파동이나 빛의 영향을 받지 않고 진행되는 고요한 마음 작용으로 의식을 집중하게 한다는 것입니다. 글쓰기는 자신을 되돌아보는 최적의 수단이며 (수)(상)의 느낌 인식 관념 및 (식)의 분별 의식에 대한 변화는 물론 (행)의 감정까지 고요하게 변화시킬 수 있는 마음 관찰 최적의 수단이라 할 것입니다. 특히 자신을 되돌아보는 글쓰기는 마음을 성숙시키는 기회의 장이 될 것입니다.

느낌과 감정의 관계

마음의 병이 생기게도 하고 마음의 병을 치유하기도 하는 것이 느낌과 감정의 관계라고 할 정도로 느낌과 감정이 인간의 마음에 얼마나 중요한 부분인지는 널리 알려진 사실입니다. 느낌과 감정은 상호 연계성을 가지고 있으며 오온 중 (수)에서 일어나는 좋고 나쁜 느낌 작용이 (행)에서 감정 등 심리 현상으로 이어지는 것을 알아 가는 것이 마음 관찰의 핵심입니다. 이렇게 느낌이 작용하고 감정이 일어나는 관계를 공부하여 구분할 수 있으면 마음의 안정을 찾아가는 데 큰 도움이 될 것입니다.

1차적으로 (수)의 좋고 나쁜 느낌 작용에 의거하여 2차적으로 일어나는 (행)의 감정 심리 현상은 (수)(행)의 관계만으로 일어나는 것은 아닙니다. 오온 중 (수)의 느낌은 (상)의 생각과 분리할 수 없을 정도로 밀접한 관계성에 의거하여 작용합니다. 좋고 나쁜 느낌은 생각 인식 표상과 직접적 동시적으로 연계되어 작용한다는 것입니다. 보충 설명하면 (수)의 느낌은 (상)의 생각(표상)과 연계되어 작용하며 (수)(상)의 느낌 생각(인식)에 의거 (행)에서 감정 등 심리 현상이 일어난다는 것입니다. 느낌이 작용하고 감정이 일어나는 과정을 세분화하여 구분하는 것은 느낌과 감정의 관계가 마음 관찰의 핵심이며 마음 치유 과정에서도 중요한 부분이기 때문입니다. 이 책은 느낌과 감정의 관계를 세분화하여 사례별로 분석함으로써 마음으로 고통스러운 현상들을 치유하는 안내서 역할을 하고자 하였습니다.

1. 느낌과 감정이 작용하는 과정

마음에서 일어나는 감정 등 심리 현상은 좋고 나쁜 느낌에서 시작되며 좋고 나쁜 느낌은 생각(표상)과 접촉해서 작용한다는 것을 아는 것이 마음 관찰의 핵심이라고 하였습니다. 느낌과 감정의 관계를 단계별 마음 작용으로 살펴보면 오온 중 (행)에서 일어나는 감정 등 심리 현상은 (수)의 좋고 나쁜 느낌에서 시작하며, (수)의 좋고 나쁨은 (상)의 생각 인식의 표상과 직접적, 동시적으로 연계하여 작용하는 관계성이 있습니다. 마음의 분석 기법에 따라 보충 설명하면 (행)에서 일어난 감정 등 심리 현상을 이해하기 위해서는 (수)의 느낌에서 작용하는 좋고 나쁜 느낌의 원인을 알아야 하고 (수)에서 작용하는 좋고 나쁜 느낌의 원인을 분석하기 위해서는 (상)의 생각 인식 표상의 관계를 관찰하는 것이 중요하다는 것입니다.

느낌과 감정의 관계에서 마음이 작용하는 과정을 세분화하여 살펴보면 즉각적인 느낌 작용과 순환적인 느낌 작용으로 구분해 볼 수 있습니다. 즉각적인 느낌 작용은 어떤 대상에 대해 오감 중 (촉)의 느낌이 즉각적으로 반응하거나 오온 중 (수)의 좋고 나쁜 느낌이 즉각적으로 반응하는 것입니다. 순환적인 느낌 작용은 소통되는 말의 언어에 대해 1차적으로 (식)에서 기표와 의미에 대한 분별 과정을 거친 후 순환하여 2차적으로 (수)(상)의 좋고 나쁜 느낌 인식이 작용하는 것입니다. 중요하게 살펴볼 것은 즉각적인 느낌 작용은 본능 및 욕구와 연계되는 것이 보편적으로 동물들에서도 일어나고 있으나 순환적인 느낌 작용은 언어 문자 특히 청각에 의한 말의 언어와 관계성이 크므로 인간에게서 일어나는 마음 작용이라는 것입니다.

보충 설명하면 본능의 뇌의 영역이라고 부르는 (수)(상)에서 생존 및 욕구 본능과 연계하여 작용하는 즉각적인 느낌 생각은 동물이나 인간 모두 하고 있다는 것입니다. 사례로 고양이가 쥐를 잡기 위해 살금살금 다가가는 것도 본능적으로 소리 내면 쥐가 도망간다고 즉각적으로 생각하기 때문일 것입니다. 생존 및 본능의 욕구에 의한 (수)(상)의 즉각적인 느낌 생각은 인간처럼 대뇌피질 영역이 고도로 발달하지 않은 동물들도 하고 있는 것입니다. 단지 인간은 대뇌피질 영역이 발달해 있어 언어 문자와 연계하여 다양하고 세밀한 시공간을 오가는 사고를 하며 느끼고 생각하는 것이 동물과의 차이일 것입니다.

즉각적인 느낌 인식 작용은 정도의 차이는 있을 수 있어도 인간이나 동물 모두에게서 이루어지고 있지만 언어와 연계하여 느끼고 인식하는 순환적인 느낌과 생각은 인간에게서만 관찰되는 마음 작용이라 할 것입니다. 마음의 세밀한 관찰을 위해 즉각적인 느낌 작용과 순환적인 느낌 작용을 분리해서 분석해 보고자 합니다.

참고로 (수)의 좋고 나쁜 느낌에 (상)의 생각 표상이 연계되어 좋고 나쁨 중 하나가 입자 상태로 관측되는 마음의 중첩 및 관찰자효과도 접목하여 느낌 작용을 관찰하면 마음이 작용하는 과정을 이해하는 데 도움이 될 것입니다.

가. 즉각적인 느낌과 감정

즉각적인 느낌과 감정이 진행되는 과정에는 오감 중 촉감 (수)에 의한 즉각적인 느낌과 오온 중 (수)의 좋고 나쁨이 연계되는 즉각적인 느낌으로 구별됩니다. 촉감 (수)와 좋고 나쁜 느낌 (수)로 구분하여 즉각적인 느낌이 작용하는 사례를 살펴보고자 합니다.

1) 오감 중 촉감 (수)에 의한 즉각적인 느낌 작용

※ 오감 중 촉감 (수)에 의한 즉각적인 느낌 작용 사례

색	수	상	행	식
육체	오감	생각	의도	인식
상처	**(촉)느낌**	표상	연계성 적음	**통증(인식)**

위 표에서와 같이 오감 중 촉감 (수)에 의한 즉각적인 느낌 작용 사례를 살펴보면 누군가가 육체의 어느 부분을 꼬집거나 칼에 베이면 육체의 오감 중 (촉)의 즉각적인 느낌 반응에 의거 대뇌피질 영역인 (식)의 의식에서 통증을 인식할 것입니다. 즉 상처에 대해 (수)(상)에서 느낌(촉감) 생각이 즉각적으로 작용해 (식)에서 통증을 인식한다는 것입니다. 이때 통증은 (행)의 의지와는 큰 연관성이 없는 것으로 보입니다. 인간이 몸에 상처나 골절 등 부상이 있을 시 빠르고 직접적으로 통증을 인식하도록 하는 것은 생존본능에 의한 전달 체계라고 할 것입니다. 상처의 부상이 있을 때 생존을 위해서는 분별에 의한 생각 절차보다 상처에 대한 (촉)의 무의식적 느낌 반응이 (수)(상)에서 즉각적으로 작용해 (식)의 의식에서 통증을 빠르게 인식하도록 한다는 것입니다.

2) (수)의 좋고 나쁜 느낌에 의한 즉각적인 느낌 작용

　오온 중 (수)의 좋고 나쁜 즉각적인 느낌에 의한 마음 작용은 어떤 대상에 대한 (상)의 생각 인식 표상이 (수)의 좋고 나쁜 느낌과 연계해 즉각적인 느낌이 작용하여 (행)에서 감정 등 심리 현상으로 이어지는 것입니다.

※ 생존본능에 의한 즉각적인 느낌과 감정 작용 사례

색	**수**	+	**상**	**행**	**식**
대상	느낌	+	표상인식	심리작용	분별
뱀	**(좋음, 나쁨)**		**위험인식**	**두려움**	피한다(분별)

　위 표의 생존본능에 의한 즉각적인 느낌과 감정 작용 사례를 서술해 보면 어떤 사람이 등산로에서 뱀(색)을 오감 중 눈(안)으로 보았을 때 (수)(상)에서 뱀은 위험하다는 나쁜 느낌 인식이 1차적으로 작용하고 2차적으로 (행)의 두려운 감정이 일어나 (식)에서 피하려는 분별의 행동을 한다는 것입니다. 보충 설명하면 뱀이 위험하다는 표상을 인식하고 있던 상태에서 뱀을 본 것이고 생존본능에 의거하여 (수)(상)에서 위험 요인에 대한 즉각적인 느낌 인식 작용을 한 것입니다. 만일 뱀이 위험하다는 것을 과거세 현세 모두 처음 인식하는 과정이라면 형상과 기표 이름의 의미를 다시 (식)에서 인식 분별하는 오온의 절차 과정을 거칠 수도 있을 것입니다.

※ 물질의 탐욕에 의한 즉각적인 느낌과 감정 작용 사례

색	수	상	행	식
재화	느낌	표상인식	심리작용	분별 행동
(사례) 주가상승	**좋은 느낌** +	**탐욕(충족)**	**기쁨**	웃음 얼굴
주가하락	**나쁜 느낌** +	**탐욕(미충족)**	**분노**	화난 얼굴

* (상)의 비교: 탐욕(손익 or 손실)

*탐욕은 7장 탐진치와 마음(오온)의 관계에서 분석하는 내용 참조

탐욕의 충족 여부와 관계한 즉각적인 느낌과 감정 작용 사례를 살펴보면 어떤 일에서 손익이 있을 때 손실이냐 이득이냐에 따라 (수)(상)에서 좋고 나쁜 느낌 인식이 즉각적으로 작용합니다. 이때 (수)의 좋고 나쁜 느낌은 (상)의 탐욕에서 비교되는 손익의 욕구 충족 관계와 직접적 동시적으로 연계하여 작용합니다.

위 표의 주식 투자 사례로 살펴보면 어떤 사람이 투자한 주식이 있다고 할 때 어느 날 주가를 확인하는데 투자 대비 주가가 상승해 있으면 (수)(상)의 탐욕을 충족, 1차적으로 좋은 느낌 인식이 즉각적으로 작용하여 2차적으로 (행)에서 기쁨 감정이 일어날 것이고 주가가 하락해 있으면 (수)(상)의 탐욕을 미충족, 1차적으로 나쁜 느낌 인식이 즉각적으로 작용하여 2차적으로 (행)에서 분노 감정이 일어난다는 것입니다. 이때 (수)(상)의 관계가 직접적, 동시적 연계성이 있다는 것은 계속하여 설명하고 있으니

유의하여 마음 관찰을 해야 할 것입니다.

※ 경쟁의 결과에 의한 즉각적인 느낌과 감정 작용 사례

색	수	상	행	식
재화	느낌	표상인식	심리작용	분별 행동

(사례) 내 편 승리   **좋은 느낌 + 탐욕(충족)**   **기쁨**   웃음 얼굴

내 편 패배   **나쁜 느낌 + 탐욕(미충족)** **분노**   화난 얼굴

* (상)의 비교: 탐욕(내 편 승리 or 내 편 패배)
* 탐욕은 7장 탐진치와 마음(오온)의 관계에서 분석하는 내용 참조

인간은 태어나서 끝없는 경쟁을 하면서 살고 있습니다. 그 경쟁에서 이기고 질 때 (수)(상)에서 좋고 나쁜 느낌 인식이 즉각적인 작용을 하는데 이때도 (수)의 좋고 나쁜 느낌은 (상)의 탐욕 충족 여부와 직접적, 동시적으로 연계되어 작용합니다.

사례로 야구 경기에서 내가 응원하는 내 편이 승리하거나 패배할 때 습관적이고 즉각적으로 좋고 나쁜 느낌이 작용해 기쁘거나 분노가 일어나는 경우를 떠올려 보면 이해에 도움이 될 수 있을 것입니다. 야구 경기에서 내 편이 이길 때 (수)(상)의 탐욕을 충족, 1차적으로 좋은 느낌 인식이 즉각적으로 작용하여 2차적으로 (행)에서 기쁨 감정이 일어날 것이고 내 편이 질 때 (수)(상)의 탐욕을 미충족, 1차적으로 나쁜 느낌 인식이 즉각적으로 작용하여 2차적으로 (행)에서 분노 감정이 일어난다는 것입니다.

이때도 (수)(상)의 관계가 직접적 동시적 연계성이 있다는 것은 계속하여 설명하고 있음을 유의하여 마음 관철을 해야 할 것입니다.

나. 순환적인 느낌과 감정

순환적인 느낌과 감정은 언어 문자를 사용하는 인간의 활동 영역 중 일부 사례에서 마음 작용하는 과정입니다. 마음 작용의 순환 과정에서 피해 의식, 트라우마, 수치심 등 마음의 그림자가 숨어 있을 수 있기에 중요하게 연구되어야 할 부분이기도 합니다. 순환적인 느낌 작용은 청각에 의한 언어의 대화와 밀접한 관계성이 있으며 상대방과의 직접적인 대화보다는 주변에서 대화하는 비유된 말들과 연계되어 작용하는 것이 보편적이라고 할 것입니다.

순환적인 느낌 작용을 이해하기 위해서는 즉각적인 느낌 작용과의 관계에 대한 분석이 필요합니다. 순환적인 느낌과 감정이 청각에 의한 말의 소리 언어와 연계성이 큰 것은 소리로 전달되는 말의 파동이 시각으로 입력되는 빛의 입자 속도보다 느리므로 순환적인 느낌이라고 의식에서 구분하여 인식할 수 있는 것입니다. 빛의 속도로 받아들이는 인식은 빠르게 마음 작용하므로 의식이 순환적인 느낌으로 구분하기가 어렵다는 것입니다. 또한 오감에 의거하여 받아들이는 빛은 부딪히는 입자로 인식되어 알갱이 성질이 있기에 물질이 부딪히는 특성과 같이 즉각적인 느낌 작용이 일어나는 것입니다. 즉 오감이 빛과 연계되어 빠르게 작용하거나 빛의 입자 알갱이처럼 물질의 특성이 작용할 때 즉각적인 느낌 작용이 일어난다는 것입니다. 앞서 즉각적인 느낌과 감정의 사례에서 살펴본 바와 같이 촉감에 의한 즉각적인 느낌 작용은 몸이라는 촉감을 직접 자극하여 빠르게 전달되기 때문이며, 생존본능에 의한 즉각적인 느낌 작용과 탐욕에 의한 즉각적인 느낌 작용은 오감이 소리의 파동보다는 시각과 관련한 빛과의 연계성이 있음을 보여 주고 있습니다.

여기서 중요한 것은 소리의 파동으로 전달되는 말은 즉각적인 느낌과 순환적인 느낌으로 구분된다는 것입니다. 말로 표현되는 언어가 즉각적인 느낌과 순환적인 느낌으로 구분되는 이유는 말의 소리 파동이 외형상 물질의 특성이 있어 느낌을 직접적으로 자극하는지, 아니면 말의 속성에 담긴 기표 입자와 의미의 파동이 연계하는 양자역학의 이중성 특성에 의거 순환하여 간접적으로 느낌을 자극하는지에 따라 구분되는 것으로 보입니다. [5장 언어의 파동과 입자 관계성 참조]

첫째, 말이 즉각적인 느낌과 감정으로 이어지는 사례를 살펴보면 즉각적인 느낌은 말의 소리 파동이 부딪히는 물질의 특성으로 전달되기 때문입니다. 산에서 고함친 소리가 부딪치어 메아리로 울리듯이 말의 소리는 물질 입자의 특성이 있습니다. 누군가로부터 욕을 직접 들었다면 즉각적으로 나쁜 느낌이 작용하는 사례가 해당합니다. 이때는 말의 소리 파동이 입자의 성질이 큰 물질의 특성으로 전달되어 즉각적인 느낌 및 감정이 일어나는 것입니다. 야구공을 맞았을 때 즉각적으로 반응하는 것을 비유해 보면 이해가 될 것입니다.

둘째, 말이 순환적인 느낌과 감정으로 이어지는 사례를 살펴보면 순환적인 느낌은 말의 소리, 파동보다는 말의 속성에 담긴 기표 입자와 의미의 이중성이 관계하는 이유로 분석됩니다. 특히 직접적으로 전달되는 말이 아닌 무형의 의미가 함축된 비유된 말이 오감 (수)로 들어올 때 1차적으로 (식)의 언어영역에서 기표와 의미에 대해 분별한 후 2차적으로 순환하여 (수)(상)에서 좋고 나쁜 느낌 인식이 작용하고 (행)에서 감정 등 심리 작용을 일으키는 순환 과정이 진행되는 것입니다. 즉 말의 언어 기표에 숨겨져 있는 의미를 한 번 더 분별한 후 순환 과정을 거쳐 2차적으로 놀린다는 생각, 부끄럽다는 생각, 수치스럽다는 생각 등 무형의 생각이 좋고 나쁜 느낌과 연계하여 감정이 일어나는 과정이 해당한다고 할 것입니다.

위에서 살펴본 내용을 보충 설명하면 소통 수단인 말의 언어는 거시세계 물질의 특성으로 전달되면 즉각적인 느낌이 작용하고 말의 속성에 담긴 기표와 의미가 미시세계 파동과 입자의 이중성 성질에 강하게 연계되면 순환적인 느낌이 작용하는 마음 작용이 일어난다는 것입니다. 말의 소리 언어는 파동이지만 메아리가 부딪치어 울리는 것처럼 거시세계 물질의 특성이 크므로 즉각적인 느낌 작용이 일어납니다. 하지만 피해망상, 수치심, 트라우마 등 숨겨진 마음들은 말의 속성에 담긴 기표 입자와 의미의 파동이 연계되는 이중성 원리에 의거 순환적 느낌 작용이 일어나는 것이 보편적이라 할 것입니다.

순환적인 느낌과 감정의 마음 작용 과정을 다시 살펴보면 어떤 비유된 대화 내용(색)을 (수)에서 받아들여 (상)의 표상을 통과해 1차적으로 (식) 의식에서 기표와 의미에 대해 분별 인식 과정을 거친 후 앞으로 순환하여 2차적으로 (수)(상)에서 좋고 나쁜 느낌 인식이 작용하고 (행)에서 분노 감정 등 심리 현상이 일어나 (식)에서 다시 분별 행동을 한다는 것입니다. 순환적인 느낌 작용은 언어로 소통하는 인간에게서 주로 작용하는 마음 이며 즉각적인 느낌 작용보다 한 단계 더 순환하는 과정을 거칩니다. 이 때 (식)의 분별 인식 과정에서는 (수)의 기능이 오감으로 받아들이는 1단계 마음 작용이며, 순환하여 (수)의 좋고 나쁜 느낌이 작용하는 것은 2단계 마음 작용으로 접목하여 분석하면 마음 관찰에 도움이 될 것입니다.

1) (식)의 분별에 의한 순환적인 느낌 작용

[사례 1]

※ 아이큐 두 자리라는 열등 인식이 있는 A의 경우

A의 경우 평소 자신이 아이큐 두 자리라는 것을 감추려는 환경에서 주변에 숫자 이야기만 나와도 아이큐가 비유되며 본인을 놀린다는 분노가 일어났다고 합니다. A의 사례를 순환적인 느낌이 작용하는 과정으로 분석해 보겠습니다.

※ (식)의 인식 분별에 의한 순환적인 느낌과 감정 작용 사례

	색	수	상	행	식
1차인식	대화	오감(**청각**)	표상	의지	인식(이름의 분별 인식)
2차인식(순환)		느낌	생각 인식	심리 감정	분별 행동
		(좋음 or 나쁨)			

1차인식	**숫자**(주변 대화)	오감(들음)	표상	의지	인식(**숫자∞아이큐** 분별)
2차인식(순환)	**나쁜 느낌** +	**생각 인식**	분노 감정	화난 얼굴	
	(놀린다는 생각)				

* A의 경우 숫자 이야기만 나와도 아이큐와 연계하는 1차적 분별 인식이 일어난 후 순환하여 2차적으로 놀린다는 느낌 인식이 작용해 (행)에서 분노가 일어나는 사례임

　오온 중 (식)의 분별 인식에 의한 순환적인 느낌 작용은 어떤 대상(색)에 대해 (수)의 좋고 나쁜 느낌이 직접적으로 반응하는 것이 아니라 (식)의 분별 인식 과정을 거친 후 다시 순환하여 (수)(상)의 좋고 나쁜 느낌 인식이 작용하는 것을 의미합니다.

　위 표에 의거하여 아이큐 두 자리로 열등의식이 있는 A의 사례를 살펴보면, A는 주변에서 숫자 이야기만 나와도 숫자가 아이큐 이야기하는 것처럼 먼저 분별 인식된 후 순환하여 나쁜 느낌과 놀린다는 생각이 연계 작용하고 분노의 감정이 일어나는 순환적인 느낌이 작용하는 과정을 설명하고 있습니다. 오온의 마음 작용과 연계하여 보충 설명하면 A의 경우 주변의 대화에서 숫자(색) 이야기가 (수)의 오감으로 들어와 (상)(행)을 통과하여 (식)에서 숫자의 기표 및 의미가 아이큐로 조합되어 분별 인식된 후 다시 순환 과정을 거쳐 (수)(상)에서 나쁜 느낌과 놀린다는 생각 인식이 직접적 동시적으로 연계 작용하여 (행)에서 분노 감정을 일으켜 (식)에서 화를 내는 분별 행동하도록 한다는 것입니다.

　위 표의 순환적인 느낌이 작용하는 과정에서 오감으로 받아들이는 숫자와 아이큐의 기표에 직접적인 관계성이 없어 보이지만 오온 중 (식)의 분별 인식 과정에서 숫자의 의미가 아이큐에 연계된 후 순환하여 (수)(상)에서 놀린다는 무형의 생각 인식이 나쁨과 연계하여 (행)에서 분노의 감정이 일어나는 것을 알 수 있습니다.

※ 허벅지 안쪽에 붉은 반점이 있는 A 학생의 사례

A라는 학생이 허벅지 안쪽 부근에 붉은 반점이 있다고 할 때 체육 시간에 붉은 반점을 B라는 학생이 보고 소문이 나며 놀림감이 되었고, 그때마다 그 학생은 화가 났습니다. 그 후 언제부터인가 주변에서 빨간색 이야기만 들려도 붉은 반점이 비유되며 본인을 놀리는 것 같아 분노가 일어났다고 합니다. A 학생의 사례를 순환적인 느낌이 작용하는 과정으로 분석해 보겠습니다.

※ (식)의 인식 분별에 의한 순환적인 느낌과 감정 작용 사례

	색	수	상	행	식
1차인식	대화	오감(**청각**)	표상	의지	인식(이름의 분별 인식)
2차인식(순환)		느낌	생각 인식	심리 감정	분별 행동
		(좋음 or 나쁨)			

1차인식	**빨간색** 대화	오감(들음)	표상	의지	인식(**빨간색∞붉은반점** 분별)
2차인식(순환)		**나쁜 느낌 + 생각 인식**	**분노 감정**		**화난 얼굴**
		(놀린다는 생각)			

* A 학생의 경우 빨간색 등 색깔 이야기만 나와도 붉은 반점이 연계되어 1차적 분별 인식 후 순환하여 2차적으로 놀린다는 느낌 인식이 작용해 (행)에서 분노가 일어나는 사례임

A 학생의 경우 누군가의 대화 중 "너 오늘 빨간색(색) 잘 어울린다."라

는 말 등 색깔 이야기만 나와도 1차적으로 붉은 반점이 매칭 분별 인식되고 2차적으로 놀린다는 느낌 인식으로 연계되는 오온의 순환적 느낌이 작용하는 사례입니다.

위 표에 의거 하여 피해의식이 있는 A 학생 사례를 살펴보면 오감을 통해 빨간색이라는 색깔의 주변 대화 내용을 들었을 때 1차적으로 대뇌피질 영역에 해당하는 (식)의 영역에서 빨간색이라는 이름과 붉은 반점이 매칭 조합되어 인식 분별 된 후 순환하여 (수)(상)에서 나쁜 느낌과 놀림을 당하고 있다는 생각이 직접적 동시적으로 연계 작용하여 (행)에서 분노의 감정을 일으키고 (식)에서 화를 내는 분별 행동으로 이어진다는 것입니다. 위 사례에서 (수)의 기능은 1차 인식 과정에서 청각으로 듣는 오감의 작용을 하고 (식)에서 분별 인식한 후 순환하여 2차 인식 과정에서는 좋고 나쁜 느낌이 작용하는 순환적 느낌이 작용하는 것을 보여 주고 있습니다.

보충 설명하면 (수)에서 좋고 나쁨의 순환적인 느낌 작용은 청각으로 들어오는 비유된 언어의 기표 및 의미와 연계성이 크며 1차적으로 언어 말의 기표 내용 (색)을 수에서 오감으로 받아들여 (식)에서 인식 분별하는 1단계 마음 작용이 일어난 후 다시 순환하여 2차적으로 (수)에서 좋고 나쁨의 마음이 작용하고 (행)의 감정을 일으키는 2단계 마음 작용이 일어나는 과정입니다. 만일 (수)의 오감으로 들어오는 (색)이 뱀 호랑이 등 시각의 빛으로 보이는 대상이나 사물이라면 순환적 느낌이 아닌 생존본능에 의한 즉각적인 느낌 작용이 일어날 것입니다. 순환적 느낌 작용은 언어의 기표와 의미 분별이 피해의식 수치심 트라우마와 연계되어 마음의 병을 키울 수도 있으니 심도 있는 마음 관찰이 필요하다고 할 것입니다.

7장

탐진치와
마음(오온)의 관계

불교 경전에 탐진치는 3독심이라 하여 마음의 고통을 일으키는 주요 요인이라고 합니다. 그렇다면 탐진치는 어떻게 생성되는 것일까요, 탐진치도 마음에서 일어나는 것이므로 마음을 구성하는 오온의 마음 작용과 연계해 살펴보고자 합니다.

1. 탐진치와 오온, 뇌 활동의 관계

탐진치는 마음을 구성하는 오온의 원형 구조를 이루고 있으며 독자적이 아니라 서로 연계되어 작용합니다. 나 중심의 탐욕에 의거 분노가 일어나고 분노로 인해 어리석은 분별 행동을 하는 것은 상호 간의 관계가 분리된 것이 아니라 연계되어 작용한다는 것을 확인해 주고 있습니다. 탐진치와 오온의 마음 작용은 종교적 관점에서 해석한 것이며 철학, 심리, 과학 분야별로 연계된 논리적 접근을 위해서는 과학적인 측면에서의 의구심을 가질 수 있을 것입니다. 이 책에서는 폴 맥린이 뇌 삼위일체설에서 본능의 뇌(파충류의 뇌), 감정의 뇌(포유류의 뇌), 사고의 뇌(인간의 뇌) 3단계로 구분하여 해석한 자료를 활용하여 탐진치와 오온, 뇌 활동의 관계를 설명하고 있습니다.

표 7-1-1 [탐진치의 마음 작용 구조]

탐진치의 원형 구조	오온	마음 작용	뇌 활동 영역
입자 / 파동 / 입자 / 식 / 행 / 탐(수, 상) / 진 / 치 / 무의식 / 의식 / 감정 / 분별	수상 **(탐)**	**- 탐욕(본능) 연계** - 느낌(좋음, 나쁨) - 나 중심의 관념 - 표상의 정보 연계	간뇌, 뇌간, 기저핵 **(파충류의 뇌)**
	행 **(진)**	**- 감정 반응(분노 일으킴)** - 행 하고자 하는 의지 - 심리작용	변연계 **(포유류의 뇌)**
	식 **(치)**	**- 분별 행동(어리석은 행동)** - 분별 및 통제	대뇌피질 **(인간의 뇌)**

표 7-1-1 [탐진치의 마음 작용 구조]는 탐진치가 오온의 마음과 연계되어 작용하는 과정을 원형의 그림과 표로 나타낸 것입니다. 오온 중 제일 깊은 곳 (수)(상)에 나 중심의 관념 (탐)욕이 연계되고 충족되지 못한 탐욕 때문에 (행)에서 분노의 감정 (진)이 일어나 (식)에서 어리석은 분별 행동 (치)로 이어지는 것을 보여 주고 있습니다. 뇌 활동과 연계하여 살펴보면 오온 중 뇌 깊은 곳 본능의 뇌(파충류의 뇌) 영역인 (수)(상)에 자리한 나 중심의 관념이 탐심의 욕망을 만들고 그 욕망을 충족하지 못한 에너지가 감정의 뇌(포유류의 뇌) 영역인 (행)에서 분노(진)를 일으켜 분별 및 사고의 뇌(인간의 뇌) 영역인 (식)에서 분노에 휩싸여 어리석은 (치)의 분별 행동하는 탐진치가 일어나는 것을 보여 주고 있습니다. 이때 (수)(상)에서 작용하고 있는 관념의 비교 정보들은 현세에서 경험 및 학습된 것들만이 아니라 과거세 유전적 요인에서부터 이어져 온 표상들도 연계되어 있다고 할 것입니다.

탐진치가 생성되는 과정을 과학적으로 접근해 보면 한정된 공간에 에너지가 쌓이면 폭발하겠지요, 우주의 근원 빅뱅도 최초 어느 한 공간에서 에너지가 모여 폭발했을 것이라고 합니다. 탐욕에 의한 (진)의 분노도 마음 깊은 곳 어느 한 공간에서 욕망이 일어나 에너지가 쌓이고 폭발하는 것으로 비유될 수 있다는 것입니다. 탐진치가 생성되는 과정을 마음 작용과 연계하여 다시 살펴보면 (수)(상)에서 활성화한 탐욕의 에너지가 쌓여 (행)의 분노 감정을 일으키고 (식)의 의식을 잠식해 폭발한다는 것입니다. 이때 분노를 참기만 하면 에너지가 내부에 쌓여 속병이라고 하는 화병이 생길 것입니다. 마음 깊은 곳 (수)(상)에 쌓인 탐욕의 에너지가 (행)의 감정 무의식과 (식)의 분별 의식을 통해 발산하지 못해 포화 상태가 되면 억눌린 무의식의 분노 감정이 화병이라는 마음의 병으로 커질 수 있다는 것입니다.

탐진치가 일어나는 과정에서 (식)의 의식이 어리석지 않고 깨어 있는 사람은 전두엽에서 작용하는 통제 및 사고 의식에 의거 탐심의 욕망에 의한 (진)의 분노도 소멸할 수 있을 것입니다. 즉 의식이 깨어 있는 사람은 분노가 일어난다 해도 어리석은 분별 행동으로 이어지지 않도록 마음을 다스린다는 것입니다. 현실 세계에서 탐욕과 분노를 일으키는 정도가 자신과 상대방을 해하지 않을 정도로 작동한다면 그 사람은 탐진치에 집착하지 않고 조화와 균형을 맞춰 사는 현명한 사람이라 할 수 있을 것입니다.

(수)(상)에서 탐욕이 작용하는 나 중심의 관념 기준이 정해져 있지 않고 사람마다 다른 것은 각자의 기질 등 유전적 요인과 환경적 요인이 다르기 때문입니다. 현실 세계에서는 어떻게든 많은 양의 재화를 추구하고 높은 지위를 탐내는 등 궁극적으로 자신의 욕구 추구에 집착하는 경우가 많습니다. 결국은 과도한 탐욕을 채우지 못한 욕망 때문에 괴로워하는 사람들이 많다는 것입니다. 현실 세계에서 탐욕을 모두 내려놓는 것이 어렵겠지만 탐진치의 3독심이 작용하는 원리를 분석하고 마음 관찰함으로써 슬기롭게 살아갔으면 합니다.

가. 탐욕

탐욕은 오온 중 어느 하나의 작용으로 생기는 것이 아니라 서로 간 피드백을 통해 일어나고 있으며 탐진치와 오온의 원형 구조 중 가장 깊은 곳 (수)(상)에 연계되어 있습니다. 탐욕은 (수)(상)에 연계된 나 중심의 관념에서부터 시작되며 불교 경전 금강경에 아상 인상 중생상 수자상에서 벗어나는 길을 반복하여 설하는 것도 오온 중 (상)의 인식 관념 즉 나 중심의 관념에서 벗어나야 한다는 것이 중요함을 강조하는 내용이라 할 수 있습니다. 오온 중 본능의 뇌 영역이라 불리는 (수)(상)의 마음 작용은 뇌 깊은 곳 간뇌 뇌간 기저핵 영역의 활동과 유사하며 생존본능에 기반한 탐욕 등 나 중심의 욕망 들이 일어나는 곳입니다. [4장 (수)(상)본능의 뇌 영역이라 불리는 이유 참죄] 단지 탐욕이 (수)(상)에 연계되어 뿌리를 내리고 있다고 해도 독자적으로 작용하는 것이 아니라 오온의 피드백 과정이 진행된다는 것을 알고 마음 관찰해야 할 것입니다.

탐욕은 실질적으로 나 중심의 관념에 기반한 생존 및 보상심리와 관련이 있다고 보이며 보상은 갈망 및 욕망과 관련 있다는 것이 연구 실험을 통해 확인되고 있습니다. 어떤 일에 대한 보상심리 욕망은 선호 시스템보다 갈망 시스템에 깊은 관계성이 있다는 것이며 "사랑할 때 도파민이 분비되는 건, 사랑의 감정이나 선호가 아니라 욕망이자 갈망이다."(러셀 폴드랙의 『습관의 알고리즘』에서 인용)라고 설명한 것은 탐욕과 도파민이 연계되어 있다는 것을 확인해 주고 있는 것입니다. 탐욕은 현재의 사랑이나 감정 선호보다는 미래의 욕망을 추구하는 갈망과 관계성이 더 깊다는 것으로 해석됩니다. 탐욕에 어떤 미래 목적성을 가진 동기가 있을 시 더 많은 도파민이 활성화한다고 보는 것입니다. 저자가 경험한 사례로 살펴보면 극단의 고통을 수반하는 마라톤 대회에 돈을 내고 참가하는 이유는 마라톤 완주 후 골인 지점에서 느낄 성취감과 건강해질 수 있다는 도파민의 동기 활성화라 할 것입니다. 다른 사례로 어떤 사람이 오감에서 즉각 반응하는 물질인 아편을 투약한 후 도파민 호르몬을 직접 자극해 중독으로 빠지기도 하는데 이 경우도 결국은 환각 상태의 쾌감을 얻기 위한 목적을 위해 중독에 빠지는 것입니다. 단지 운동 습관은 오온 중 (식)의 미래지향적 분별 사고가 기저핵 등 (수)(상) 영역의 도파민 활성화와 연계되어 있다면, 아편 중독은 (수)(상)의 과거지향적 표상에 의한 도파민 활성화와 관계가 크다고 할 것입니다.

탐욕은 마음 깊은 곳 (수)(상)에 연계된 나 중심의 관념을 기준으로 무엇인가를 이루고자 하는 욕망에 의거하여 작동하며 그 관념의 기준은 유전적 요인 및 환경적 요인에 의거 사람마다 다를 수 있다고 하였습니다. 심리적인 사례로 접근해 보면 자존감이 서로 다른 사람의 어떤 욕구에 대한 만족도는 차이가 있을 수 있기 때문입니다. 사람마다 보상 관념의 기준이 어떤가에 따라 탐심의 욕망이 다르므로 행복감을 느끼는 기준도 다르다는 것입니다. 또한, 사회문화적인 환경에 의거, 탐심의 대상 및 욕망이 다를 수도 있을 것입니다.

1) 탐욕의 대상 및 관계

탐욕은 금은보화 등 유형의 물질뿐만 아니라 무형의 욕망도 해당하며 유형의 물질에 대한 탐심은 무형의 탐심 욕망을 취하는 데 필요한 것이 일반적입니다. 예로 생존본능의 욕구를 위해 유형의 물질인 음식을 먹어야 하고 감각적 쾌락의 욕구를 위해 더 맛있는 음식을 계속 찾는 것이 그렇습니다. 또한, 종족보존 본능의 욕구 충족을 위해 짝짓기를 하려 하고 유형의 대상이라고 할 수 있는 이성의 육체를 탐하는 것을 보더라도 인간의 본능에서부터 탐욕이 연계되어 이어진다는 것을 확인할 수 있습니다. 어떤 탐심의 욕망도 고통보다는 자기 행복을 추구하기 위한 것으로 그 과정에 유형무형의 대상 관계 및 감각적 쾌락 추구가 연계되어 진행되는 것입니다.

2) 탐욕이 작용하는 원리

탐욕은 오온 중 마음 깊은 곳 (수)(상)의 본능 영역에 뿌리를 내리고 있다고 설명했습니다. 왜냐하면 (수)(상)에는 생존 및 나 중심의 관념 기준이 보상심리와 연계되어 있기 때문입니다. 탐욕은 (수)의 좋고 나쁜 느낌과 (상)의 생각 인식 관념의 표상들이 직접적, 동시적으로 연계하여 작용하는 관계성이 있습니다. 이때 (상)의 생각 인식 표상의 기준에는 여러 요인이 있을 수 있으나 보편적으로 물질의 양에 대한 탐심과 내편 네편의 이기고 지는 기준이 자리하여 탐욕이 작용합니다.

마음 깊은 곳 (수)(상)에서 시작하는 탐욕은 그 뿌리가 깊으며 쾌락의 추구 및 도파민과도 관계성이 깊다는 것은 앞서 설명하였습니다. 만일 탐욕의 추구 목표가 즐거움이 아니라 고통을 예측한다면 그 욕망은 일어나지 않을 것입니다. 탐욕이 쾌락의 감정을 추구하는 것은 이성이든 음식이든 어떤 대상을 목적으로 하며 (수)(상)에 연계된 나 중심의 욕망에서 시작되는 것입니다. 이렇게 탐욕은 쾌락 추구 및 도파민과 밀접하게 연계되어 작용한다는 것입니다.

3) 비교 보상의 탐욕 사례

오온 중 (수)(상)에서 작용하는 나 중심의 관념 기준에 의한 물질의 양이나 이기고 지는 것에 대한 비교 집착이 왜 일어나며 탐욕에서 벗어나는 지혜로운 마음가짐은 어떻게 해야 하는지 살펴보고자 합니다.

첫째, 물질의 많고 적은 양의 비교 탐욕

심리적인 부분으로 단순하게 설명하면 재화의 양이 많아야 행복하고 그 양을 늘리기 위해 누군가의 돈을 빼앗거나 손해 보지 않으려는 나 중심의 이기적인 심리가 작동하는 것이 물질 만능주의 세계관입니다. 단순하게 비교해서 돈 싫은 사람이 있을까요? 물질주의 세계관에서 인간이 돈에 욕심을 갖는 것이 보편적이라는 것입니다. 또한, 돈이 많을수록 행복하다고 이야기하는 사람들을 주위에서 많이 보기도 합니다.

"그런데 복권 맞으면 어디에 쓸 거예요?" 이렇게 물어보면 어떤 답변이 나올까요? 뭐 쓸 데 많지요. 하면서 어물어물 답변을 회피하는 사람들을 보기도 합니다. 사실 복권을 맞으면 감각적 쾌락을 기본으로 한 이기적 욕구 충족 이외 이타적 행위를 하겠다는 사람은 많지 않은 것으로 보입니다. 일반적으로 복권 맞은 사람 중 많은 사람이 몇 년이 지나 타락 또는 파탄했다는 정보를 언론 등 매체를 통해 종종 접하기도 했습니다. 복권의 사례는 돈만 많으면 행복할 것이라는 탐욕의 관념에 재화의 양만 추구하는 것은 궁극적 행복으로 도달하지 못하는 경우가 대다수라는 것을 설명하기 위한 것입니다. 이렇게 나 중심 기준이 물질의 양에 대한 비교 탐심만을 추구할 때 그 탐욕이 감각적 쾌락으로 집착되어 불행의 길을 갈 수도 있을 것입니다.

나 중심의 탐욕은 (수)(상)에 연계된 관념의 기준에 의거 많고 적음에 대한 비교 심리가 사람마다 각각 다르게 작용합니다. 물질의 양에 의한 불행과 행복도 그 기준이 정해진 것이 아니기에 조화와 균형을 이루는 길을 찾아갈 수 있도록 자신을 관찰해 보는 습관이 중요하다는 것입니다. 일반적으로 유형무형의 탐심 욕망과 크기에 대해 자신을 돌이켜 보는 사람은 많지 않습니다. 돈만 있으면 행복할 것 같은 관념에 집착되어 있다는 것입니다. 그 탐욕이 마음 깊은 곳 (수)(상)에 뿌리내리고 있는 것입니다.

유무의 물질세계에서 탐욕을 전부 버리고 나누어 주자는 논리가 아닙니다. 실질적으로 돈이 적은 것보다 많을 때 불행보다 행복한 삶을 영위하는데 초석이 될 수 있을 것입니다. 단순한 예로 게을러 구걸하는 거지보다는 도와주는 사람이 복을 짓는 것이 아닐까요? 돈이 많은 사람이 의미 없이 공짜로 돈을 나누어 주라는 것도 아닙니다. 유형의 탐심 대상인 돈이 열심히 일하는 사람들에게로 선순환된다고 한번 생각해 보시죠, 그래서 그 혜택을 보는 사람들이 자꾸자꾸 많아진다면 더 큰 복을 짓는 것이겠지요.

불교 경전 금강경에 무주상 보시하면 헤아릴 수 없는 무한한 복을 받는다는 내용이 있습니다. 어느 곳에도 마음이 머물지 말고 보시하라는 의미는 어떤 대상으로부터 무엇인가 받을 것을 생각하고 보시하지 말라는 것으로 보입니다. 보시로 인해 아깝다는지 번뇌가 일어난다면 그 또한 안 한 것만 못하다는 것이며 (수)(상)에 연계된 탐욕을 무조건 억누르는 마음에 없는 보시보다는 이타적인 마음의 그릇을 키워 가야 행복의 길로 갈 수 있다는 것으로 해석됩니다. 이타적인 마음을 키워 가는 길에 무주상 보시라는 안내자가 있음을 알려 주고 있는 것입니다.

물질의 많고 적음에 대한 집착에서 벗어나는 행복을 위해서는 나 중심의 탐욕 기준을 조금이라도 줄여 나가는 지혜를 배워야 할 것입니다. 그 기준은 자신을 관찰해야 찾을 수 있을 것이고 탐욕이 줄어든 만큼 그릇을 채우지 못해 일어나는 분노 감정도 줄어들 것이며 분노에 휩싸이는 분별의 어리석은 행동도 일어나지 않을 것입니다.

둘째, 이기고 지고의 비교로 인한 탐욕

세상사 무수한 경쟁에서 이기는 것을 싫어하는 사람이 있을까요? 사람은 태어나서부터 알게 모르게 경쟁하며 삽니다. 심리적으로 접근해 보면 경쟁은 나 중심의 주체에서 내 편이라는 편견으로의 확장성을 갖습니다. 내가 어떤 상황에서 지거나 내 편이 지는 것을 싫어하는 것은 누구든 자신과 주변을 살펴보면 일상에서 확인할 수 있을 것입니다. 그 탐욕의 집착을 일으키는 편견의 뿌리는 바로 나입니다.

대한민국과 다른 나라의 월드컵 축구 경기에서 우리나라를 응원하기 위해 잠을 설치신 분들 많으실 겁니다. 이때 뇌에서 대한민국의 세계지도 위치 및 공간을 상상하며 응원하지는 않습니다. 위치나 공간 개념보다 대한민국이란 무형의 이름에 내 편이라는 관념이 숨어 있다는 것입니다. 대한민국이란 기표 이름에 내 편이라는 생각의 관념이 연계되어 작용하는 것입니다.

보충 설명하면 (수)(상)에 뿌리를 둔 나 내 편이라는 관념에 (식)의 의식에서 분별하는 대한민국이란 기표 이름과 의미가 연계해 내 편이라는 강력한 탐욕이 일어난다는 것입니다, 대한민국이라는 기표와 의미가 내 편이라는 생각과 조합되어 이미 분별 인식하고 있는 상태에서 축구 경기를 보고 있는 것이기에 순간순간 승부욕의 감정으로 이어지는 것입니다.

경쟁의 비교는 자신과의 경쟁과 대상과의 경쟁이 있습니다. 사람은 태어나서부터 어떤 대상과 경쟁하며 살고 있으며 주변 환경들도 경쟁을 부추기고 있습니다. 그 경쟁 과정에서 자본주의 사회가 물질적으로 발전을 이루었다는 것은 현실 세계에서 부정할 수 없는 사실일 것입니다. 세상에서 이기고 지고의 탐욕에 끝이 있을까요, 지위의 높고 낮음에 끝이 있을까요. 경쟁하지 말라는 의미가 아니라 효율적인 경쟁을 하자는 것이며 대상과 비교하는 경쟁으로는 어떤 한계가 있다는 것입니다. 경쟁은 대상보다 자신을 관찰하여 가는 과정이 수반될 때 효과적인 대응 방안을 찾을 수 있을 것입니다. 끝없이 펼쳐지는 대상과의 경쟁에 자신의 위치를 분석해 보는 마음 관찰은 승부욕에 의한 분노의 고통에서 지혜의 길로 갈 수 있도록 안내할 것입니다.

나. 진(분노)

사전에 검색해 보니 분노는 자신의 욕구 실현이 저지당하거나 어떤 일을 강요당했을 때 이에 저항하기 위해 생기는 부정적인 정서 상태를 의미한다고 합니다. 욕구를 충족하지 못해 분노가 일어난다는 것입니다. (진) 분노의 감정은 오온 중 (행)에서 작용하며 뇌과학적으로 접근해 보면 동물의 뇌라는 중간뇌 변연계 영역에서 분노 감정이 일어난다고 합니다. 분노 감정은 (수)(상)에서 작용하는 나 중심의 본능 및 욕망의 추구와 연계되어 있으며, 생존 위협에 처하거나 탐욕을 충족하지 못할 시 즉각적으로 두려움이나 분노의 감정이 일어나는 것입니다. 다시 말하면 분노는 일반적으로 나 중심의 생존본능 및 탐욕에서 시작한다는 것입니다.

생존 위협에 따른 분노 발생 사례로 자동차를 운전하다가 갑자기 끼어들기를 한 차량으로 인해 위험한 상황이 발생했다면 순간 자신도 모르게 습관적으로 화를 내며 욕설을 하는 것을 비유해 볼 수 있습니다. 이때는 자동차 충돌 등 사고로 인해 자신이 조금이라도 다칠 수 있다는 생존본능이 작용하여 두려움을 자극하고 순간적으로 분노가 일어나는 것입니다.

물질의 이익 추구나 승부의 경쟁에서 탐욕을 충족하지 못한 분노 발생 사례를 살펴보면 주식에 투자한 돈에 손해가 발생할 시 (수)(상)에 연계된 탐욕이 물질의 양을 충족하지 못해 (행)에서 분노가 일어나기도 할 것입니다. 또한 프로야구 게임에서 이기고 질 때도 (수)(상)의 나 또는 내 편 중심의 비교 관념에 따라 좋고 나쁨이 작동하고 내 편이 게임에서 질 때 (행)에서 분노로 이어질 수도 있습니다. (진) 분노의 이유는 어떤 상황에서 손해를 보거나 질 때 습관적으로 일어나는 경우가 많으며 이때 나 내 편이라는 각자의 나르시시즘 집착 정도에 의거 분노 화의 크기는 다양하게 나타날 것입니다.

다. 치(어리석음)

(치) 어리석은 분별 행동이 일어나는 것은 사례로 살펴보겠습니다. 영화 오징어 게임에서 수많은 사람의 목숨을 담보로 돈을 벌기 위해 상대방을 죽이고 죽이는 극악한 상황이 벌어집니다. 개개인의 목숨값이 걸려 있는 돈(색)을 획득하기 위해 돈이면 다 될 것 같은 (수)(상)의 기준 관념이 끝없는 탐욕을 충족하지 못해 (행)의 분노 감정을 일으키고 (식)의 의식에서 서로 죽고 죽이는 어리석은 (치)의 분별 행동을 하는 것입니다. 결국 재화 등 어떤 대상 물질의 탐욕에 극도로 집착하는 경우 충족하지 못한 욕구가 분노를 일으키고 어리석은 분별 행동으로 이어지는 것을 영화 오징어 게임에서 보여 주고 있는 것입니다. 탐진치의 삼독심이 사고 의식의 통제에서 벗어나면 그렇게 무섭다는 의미입니다. 탐욕의 분노가 어리석은 분별 행동으로 이어지지 않게 하기 위해서는 (수)(상)에 연계된 탐욕의

기준 관념을 변화시키거나 분노를 통제할 수 있는 의식 (식)의 힘을 키워야 합니다. 즉 (식)의 의식의 힘이 깨어 있지 못해 어리석게 행동하는 것으로, 깨어 있는 의식의 힘을 키우기 위해서도 자신의 마음 관찰이 이루어져야 할 것입니다.

2. 탐진치의 마음 관찰 과정

인간은 영유아기, 어린 시절, 청소년기, 성년기를 거치는 과정에서 수없는 경쟁을 하며 탐진치의 3독심을 키워 가는 것이 일반적입니다. 그 이유는 나 중심의 생존과 탐욕이 본능에 뿌리내리고 있기 때문입니다. (수)(상)의 본능 영역 나 중심 관념에서 시작된 탐욕이 외부 대상에 휩싸여도 병이 되지만 나만의 주관에 집착한 나르시시즘도 병이 됩니다. 탐욕에서 벗어나기가 그렇게 힘들다는 것입니다. 탐진치의 변화 과정을 공부하다 보면 사실상 객관적인 기준도 자신의 주관적 입장일 뿐이라는 것을 알아가게 될 것입니다. 탐진치의 변화 과정을 단계별로 살펴보는 것은 마음 깊은 곳 (수)(상)에서 작용하는 탐욕의 비교 기준 관념을 이해하고 (식)의 어리석은 분별에서 벗어나기 위한 마음 관찰을 하기 위한 것입니다.

탐진치는 깨달음에 대한 간절한 마음의 각성 없이는 벗어나기 힘들다고 할 정도로 바꾸기 힘들기에 불교에서 3독심이라고 합니다. 깨달음이 일어나는 것은 오온의 색수상행식 순차적 진행보다는 (식)의 의식에서 전전두엽 활동에 의한 각성이 일어난 후 (수)(상)의 느낌 인식 관념이 변화하는 순환 과정이 일어는 것으로 보입니다. 각성의 깨달음은 편견의 분별이 잦아들고 감사라는 의미의 이름이 따라다니며 나 중심의 탐욕이 내려앉는 이타적인 마음이 커지는 과정들이라고 합니다. 의식의 깨달아 가는 과정은 창의적이고 이타적인 사고의 힘을 키워 유무의 세계, 나와 너의 경계를 넘어 궁극적인 행복의 길을 찾아 지혜를 일깨워가는 것으로 보입니다. 이 책에서는 불교 수행 등 깊이 있는 깨달음을 논하기보다는 오온의 마음 작용 원리 및 탐진치의 단계별 변화 과정을 저자의 의견으로 분석하고 있으니 마음 공부에 도움이 되었으면 합니다.

가. 1단계(분노의 질주)

분노의 질주는 나 중심 관념에서 작용하는 탐욕의 미충족으로 인해 (행)에서 (진) 분노의 감정이 일어나 술에 취한 듯 (식)에서 이리 비틀 저리 비틀 분노에 휘말리는 (치) 어리석은 분별의 행동을 하는 것을 말합니다. 이렇게 어리석은 분별 행동을 하는 사람들은 (행)에서 일어나는 분노의 감정을 (식)의 의식에서 통제하지 못하는 경우입니다. 이때는 무의식의 심리 반응 분노가 거름망 없이 그대로 의식을 잠식하여 분출된다는 것입니다.

오온 중 (행)에서 일어나는 분노는 (수)(상)에 연계된 생존 위협 및 탐욕이 원인이 되어 주로 일어나며, 특히 생존 위협에 의한 분노가 크게 일어나는 것이 일반적입니다. 사례로 아파트 층간 소음으로 인해 싸움이 일어나 크나큰 폭력으로까지 이어졌다는 이야기를 종종 듣기도 합니다. 층간 소음이 분노의 폭력으로까지 이어지는 이유는 잠이 생존과 밀접한 관계를 맺고 있기 때문입니다. 윗집 층간 소음 때문에 잠을 자지 못할 시 (수)(상)에서 작용하는 생존본능에 죽을 것 같다는 느낌 인식이 들며 (행)에서 소음 원인을 제거해야겠다는 의지와 분노 감정이 일어나 (식) 의식을 잠식하여 어리석은 폭력 행위로 분별 행동하는 것입니다. 이때 소음에 대해 분노가 일어나는 민감도 기준의 지점과 의식의 통제 기능은 사람마다 다를 것입니다. 층간 소음이 서로 타협점을 찾지 못하고 크나큰 사고로까지 이어지는 것은 (행)에서 일어나는 분노의 감정 무의식이 (식)에서 통제하고 사고하는 의식의 힘보다 크게 작용하기 때문입니다. 즉 무의식의 감정 분노 에너지가 의식을 뚫고 분출되어 나가는 사례라고 할 것입니다. 참고로 층간 소음을 양자역학적 관점으로 보면 (행)의 감정 무의식은 파동의 성질이 있기에 층간 소음 파동의 에너지가 강력하게 자극하는 관계성이 있음을 보여 주고 있는 것입니다.

분노의 감정이 의식을 뚫고 분출되는 경우는 생존본능의 사례뿐만 아니라 물질적 손해나 어떤 경쟁에서 질 때 탐욕의 기준을 충족하지 못해 분노를 크게 일으키기도 하는데 이때도 (수)(상)에서 작용하는 나 중심의 관념에 뿌리내린 탐욕을 충족하지 못했기 때문에 분노의 행동으로 이어지는 것입니다.

탐욕의 분노가 습관인 이유 분석

※『습관의 알고리즘』 저자 러셀 폴드랙

"습관은 내 행위를 의식적으로 인지하고 기억하는 뇌 영역(해마를 중심으로 한 내측 측두엽)에서 처리되지 않고 비의식적으로 반복 수행하는 뇌 영역 선조체를 중심으로 한 기저핵에서 따로 담당한다. 라고 하고 있습니다."

"도파민은 동기에 초점이 초점이 맞추어진 것으로 보인다. 행복보다 욕망에 말이다."

분석) 비의식적으로 반복 수행하는 습관에 관여하는 기저핵은 보상 동기 쾌락이 강하게 관계하며 (수)(상)의 탐욕 활동과 유사한 영역임. 그러므로 (수)(상)에서 작용하는 탐욕 미충족 으로 인해 습관적으로 일어나는 분노는 기저핵 영역의 활동과 연계성이 있는 것으로 보임.

나. 2단계(분노 통제)

분노의 통제는 (행)에서 일어난 분노가 어리석은 분별 행동으로 이어지지 않도록 (식)의 사고 의식이 통제하여 가는 단계입니다. (수)(상)에서 작용하는 생존본능 및 나 중심의 탐욕이 원인이 되어 (행)에서 발생하는 분노의 무의식적 반응을 (식)의 의식에서 통제하여 어리석은 분별 행동을 일으키지 않도록 한다는 것입니다.

"왜 화를 냈을까?" 마음 관찰을 계속하면서 무의식에서 일어나는 분노의 감정을 의식에서 일부 알아차리기 시작하는 과정입니다. 무의식의 욕망에 의한 분노와 의식하는 사고가 대립하는 힘겨루기 과정에서 (진) 분노가 (치) 어리석은 분별 행동으로 이어지는 횟수를 점점 줄여 가는 단계이며 어리석은 분별이 일어나지 않도록 (식)의 의식이 무의식의 분노 감정을 통제하는 힘을 키워 가는 과정입니다.

이때는 분노의 감정이 일어나는 것 자체를 아직 막지는 못하는 단계입니다. 그래도 사람들은 의식에 의한 사회의 통제 시스템 기능을 중시하기에 보편적으로 사회구조의 질서 유지가 이루어지고 있으며 크고 작은 사건 사고가 일어나도 사회규범에 의거하여 세상이 유지되고 있는 것입니다.

분노를 통제하는 힘 키우기

오온 중 (행)에서 일어나는 분노 감정이 폭력 등 어리석은 분별 행동으로 이어지지 않도록 (식) 의식에서 통제하는 힘을 키우는 단계를 말합니다. 어떤 상황에 분노가 일어나 화를 냈다면 "왜 화를 냈을까?" 분석하려 해도 처음에는 알아차리지 못하고 반복하여 화를 내는 것이 일반적일 것입니다. 습관처럼 반복하여 화를 내는 이유는 화를 내는 분노의 원인이 마음 깊은 곳 (수)(상)의 생존 및 탐욕의 본능에 뿌리를 내리고 있기 때문입니다. 사례로 부부간에 화를 내며 큰 다툼이 일어난 후 며칠 지나면 또 화를 내고 다툼을 반복하는 것은 "내가 왜 화를 냈을까?" 자신을 되돌아보지 않기에 나 중심 기준 관념에 의거하여 습관처럼 화를 내고 다투는 것입니다. 또한 자녀에게 컴퓨터 하지 마라, 공부해라 등 수시로 부딪히는 언쟁도 곰곰이 생각해 보면 자녀가 잘돼야 자신의 마음이 안정을 찾을 수 있다는 나 중심의 탐욕 충족을 위한 것이 보편적이라 할 것입니다. 결국 부부싸움도 자녀에 대한 훈계도 오온 중 (수)(상)에 연계된 나 중심의 탐욕에 뿌리를 두고 있다는 것입니다. 이렇듯 오온 중 (행)에서 일어나는 분노의 감정이 마음 깊은 곳 (수)(상)에 뿌리를 두고 습관처럼 일어나기에 분노의 감정을 통제하기가 무척 힘든 것입니다.

그래서 처음에는 (행)에서 일어나는 분노가 (식)의 의식을 잠식하여 어리석은 분별 행동으로 이어지지 않도록 (식)의 사고 통제 기능을 키워 가는 마음 관찰을 연습해야 한다는 것입니다. 탐욕과 연계된 분노가 일어나는 것을 막을 수는 없어도 그 분노가 어리석은 분별 행동으로 이어지지 않도록 하는 것입니다. 이렇게 분노가 일어났다는 것을 알아차림 하는 의식의 힘을 키우다 보면 분노의 크기도 점점 줄어들 것입니다. 탐욕의 미충족으로 인해 분노의 감정이 일어나는 것 자체를 통제하지는 못하지만, 분노가 폭력으로 이어지는 어리석은 분별 행동을 통제하는 전두엽 기능을 활성화하는 단계라 할 것입니다.

※ 허벅지 안쪽에 붉은 반점이 있는 A 학생 사례

A라는 학생이 허벅지 안쪽 부근에 붉은 반점이 있다고 할 때 체육 시간에 붉은 반점을 B라는 학생이 보고 소문이 나며 놀림감이 되었고, 그때마다 그 학생은 화가 났습니다. 그 후 언제부터인가 주변에서 빨간색 이야기만 들려도 붉은 반점이 비유되며 본인을 놀리는 것 같아 화가 일어났다고 할 때 상황으로 분석해 보겠습니다.

※ 허벅지 안쪽에 붉은 반점이 있는 A 학생 사례 - 분노 감정 통제하기

주변에서 빨간색 이야기가 들려오면 오온의 순환적 구조에 의거하여 (식)에서 빨간색을 분별 인식한 후 감추고 싶은 자기 신체 붉은 반점이 비유되며 (수)(상)에서 놀린다는 나쁜 느낌이 인식되고 **(행)에서 분노의 감정이 일어나 (식)에서 욕하는 등 어리석은 분별 행동을 했거나 하려고 할 때 "왜 화를 냈을까?" 알아차리고 어리석은 분별 행동으로 표출되지 않도록 통제하는** 의식의 힘을 키워 가는 단계라 할 것입니다.

다. 3단계(분노 알아차리기)

"화에는 어떤 의미가 있을까?" 분노 알아차리기는 (행)에서 일어나는 분노 감정에 대해 (식)의 의식에서 의문을 가지고 관찰하는 단계입니다. (행)에서 일어나는 무의식 반응 분노에 대해 (식)의 의식이 관찰하고 분석한다는 것으로, '마음이 마음을 본다.'라는 논리와도 연계됩니다. 분노의 감정 자체가 나 중심의 관념에서 생긴 것이라는 것을 인식하며 마음 관찰하는 단계라 할 것입니다.

"화에는 어떤 의미가 있을까?" 분노 감정을 의식에서 알아차려 가는 과정입니다. 2단계(분노 통제)처럼 일어난 분노를 통제하려고 힘겨루기하는 과정을 넘어 그 분노의 감정 자체가 어리석다는 것을 알아차리는 단계라 할 것입니다. 이렇게 알아차림을 반복하다 보면 분노의 감정은 힘을 쓰지 못할 것입니다. 분노 감정이 시작되는 나 중심의 탐욕 기준을 온전하게 변화시킬 수는 없지만 (행)에서 일어나는 분노의 감정이 수면 아래로 가라앉아 있도록 하는 단계라 할 것입니다.

분노 감정 다스리기

분노 감정이 크게 요동치지 못하게 하는 것으로 뜨거워진 물을 미지근한 물로 혼합하여 가는 단계라고 하겠습니다. 분노 통제 과정에서 "왜 화를 냈을까?" 분노의 감정이 분출되지 않도록 통제함으로써 분노가 일어나는 횟수를 점점 줄였다면 분노 알아차림 과정에서는 분노가 일어날 때 "화에는 어떤 의미가 있을까?" 의미를 분석함으로써 (행)에서 일어나는 분노의 감정을 관찰하고 조절해 가는 과정입니다. 이때는 오온 중 (행)에서 무의식적으로 반응하는 분노의 감정에 대해 큰 의미가 없다는 것을 (식)의식에서 깨달아 가는 과정이라 할 것입니다.

분노 감정을 관찰하고 다스리는 과정은 "왜 화를 냈을까?" 유형의 알아차림과 "화에는 어떤 의미가 있을까?" 무형의 알아차림이 분리되어 작용하는 것이 아닙니다. 분노 통제와 분노 알아차리기가 별도로 진행되는 과정이 아니라는 것입니다. 마음 관찰은 모든 단계가 연장선상에 연계되어 있기에 "왜 화를 냈을까?" "화에는 어떤 의미가 있을까?" 별개로 분리하지 않고 알아차림을 한다는 것입니다.

라. 4단계(탐욕의 관념 변화시키기)

관념의 변화는 나 중심의 관념 탐욕의 기준을 바꾸어 가는 단계입니다. (수)(상)에 연계된 나 중심 관념에 의한 탐욕을 충족하지 못해 (행)에서 분노가 일어나고 그 분노가 (식)에서 어리석은 분별 행동으로 이어지는 것을 탐진치 3독심이라 하였습니다. 이렇게 탐진치 시작의 원인이 되는 (수)(상)의 나 중심 탐욕의 기준 관념을 변화시켜 나가는 단계입니다.

탐욕의 기준 관념을 변화시키기 위해서는 어떻게 해야 할까요? 보편적으로 탐욕을 자극하는 물질의 많고 적음, 이기고 지고의 비교 관념 기준을 바꿔 나가는 것이 중요할 것입니다. 그러기 위해서는 오온 중 (식)의 영역인 전전두엽에서의 이타적 사고 등 깨어 있는 의식을 최대한 활성화하여 (수)(상)의 관념에 강력한 자극이 필요합니다. (수)(상)에 뿌리를 둔 나 내 편이라는 나 중심의 관념에 집착해 있는 상태에서는 탐욕의 관념을 바꾸는 데 한계가 있다는 것입니다. 탐욕의 관념을 변화시킬 수 있는 (식)

의 깨어 있는 의식은 보편적인 일상의 분별 의식이 아니라 생존본능의 집착을 잠재울 정도로 간절함이 연계되는 자각의 분별 등 기존 (수)(상)에 내재한 탐욕의 기준 관념을 바꾸어 갈 수 있는 완강한 힘의 깨어 있는 의식을 말합니다. 사례로 불철주야 수행 정진하시는 스님들이 추구하는 목표일 수도 있다고 봅니다.

탐욕 내려놓기 등 관념에 대한 변화는 전전두엽에서 활성화되는 의식 (식)의 변화된 힘이 (행)의 감정과 (수)(상)의 탐욕까지 가라앉히고 변화시키는 과정으로 간절함과 고도의 수행이 필요할 것으로 보입니다. 이때는 전전두엽의 기능이 활발하게 활성화하여 사랑, 자비 등 진리의 이타적인 가르침과 창의적인 공간으로 가는 단계로 나 중심의 집착에서 벗어나는 과정이라 할 것입니다.

탐욕의 관념 내려놓기

마음에서 탐진치가 일어나는 것을 알아차릴 뿐만 아니라 이타적인 진리의 가르침으로 들어가는 고도로 깨어 있는 의식으로 가는 단계입니다. 전전두엽이 활성화되어 깨어 있는 의식은 (행)에서 일어나는 감정을 다스릴 뿐만 아니라 뇌 깊은 곳 (수)(상)의 나 중심 탐욕의 관념까지 바꾸어 가는 과정이라 할 것입니다. 이때 깨어 있는 의식은 나 내 편이라는 편견보다는 함께라는 관념이 클 것이며 이기심보다는 이타심으로 세상을 살아가는 단계로 보아도 될 것입니다. 탐욕의 관념 내려놓기는 나 중심의 기준을 너나 구분 없는 이타적인 관념으로 바꾸어 가는 단계라 할 것입니다. 물질 만능주의 현실 세계에서 달성하기가 매우 힘든 과정이며 극소수의 사람들이 추구하는 과정일 것입니다. 우리가 사는 일상에서 탐욕의 관넘을 내려놓지는 못해도 극단으로 향하는 탐욕의 기준을 조금이라도 변화시키기 위해서는 마음 관찰 수행을 계속해 나가야 하지 않을까요?

위 A 학생 사례처럼 탐욕의 관념 내려놓기 수행으로 (수)(상)에 연계된 놀린다는 느낌 인식을 지운다는 것은 깊은 성찰의 마음 공부 없이는 힘들 것입니다. 일반적으로 피해망상, 트라우마 등 마음의 병으로 자리한 느낌 인식은 지우는 것이 아니라 잔잔한 호수의 물처럼 유유히 흐르도록 하는 것만도 지혜로운 방법이지 않을까요? 탐욕의 관념 변화에 각자의 지혜가 모여 전파되었으면 합니다.

3. 탐진치의 알아차림 과정

탐진치의 알아차림 과정을 반복하여 설명하는 이유는 마음의 고통을 주는 탐진치에서 조금이나마 자유스러워지려면 알아차림 마음 관찰이 중요하기 때문입니다. 탐진치는 오온 중 (수)(상)에 연계된 나 중심의 관념이 물질세계 대상을 향한 (탐)욕의 에너지를 만들고 그 욕망을 채우지 못한 에너지가 쌓여 (행)의 분노(진) 감정을 일으켜 (식)에서 (치)의 어리석은 분별 행동으로 이어진다고 하였습니다. 이렇게 진행되는 탐진치의 관계를 관찰하고 분석하여 분노의 감정 및 어리석은 분별 행동에서 벗어나기 위한 것이 탐진치의 알아차림 과정입니다.

과학적으로 접근해 보면 한정된 공간에 에너지가 쌓이면 폭발하겠지요. 우주의 근원 빅뱅도 최초 어느 한 공간에서 에너지가 모여 폭발했을 것이라고 합니다. 탐욕에 의한 분노의 에너지가 폭발하는 것도 우주의 원리와 유사합니다. (수)(상)에 활성화한 탐욕의 에너지가 포화 상태가 되면 외부로 분출하려 할 것이고 (행)의 감정을 자극해 폭발하는 것입니다. 이때 일어나는 분노를 참기만 하면 에너지가 내부에 쌓여 속병이라고 하는 화병이 생길 수 있으며 마음 깊은 곳 (수)(상)에 쌓인 탐욕의 에너지가 발산되지 못하고 마음의 병으로 커진다고 보는 것입니다.

분노는 사건 사고로 이어지기도 하고 마음의 병을 만들기도 합니다. 분노는 우리가 살아가는 데 이익보다 손실과 아픔을 준다는 것은 많은 경험 사례들로부터 확인되고 있습니다. 그렇다면 분노를 어떻게 알고 다스려야 할까요? 앞서 탐진치의 마음 관찰 과정에서 살펴본 바와 같이 알아차림을 통한 마음 관찰이 중요하다고 할 것입니다. 알아차림은 내면에서 일어나는 무의식적 심리 작용이 의식으로 표출되는 과정을 관찰하는 것입니다. 즉 (행)에서 일어나는 분노 감정을 (식)의 의식이 알아차리고 통제하거나 가라앉히는 것을 의미하며 더 나아가 (수)(상)에서 작용하는 탐욕의 관념 기준을 변화시켜 나가는 과정입니다. 분노의 감정을 통제하거나 다스리는 데는 알아차림이 중요하기에 앞서 탐진치의 마음 관찰 과정에서 제시한 "왜 화를 냈을까?" "화에는 어떤 의미가 있을까?" 알아차림과 관련하여 저자의 경험 사례를 접목해 한 번 더 분석해 보고자 합니다.

가. "왜 화를 냈을까?"

분노가 표출된 후 "왜 화를 냈을까?" 되돌아보는 것이 알아차림의 시작입니다. 사람들은 어떤 상황에서 표출되는 분노가 습관처럼 반복되고 있으나 그 이유를 분석하려 하지 않고 살아가는 것이 일반적일 것입니다. 습관처럼 반복되는 분노를 다스리는 방법은 무엇이 있을까요? 첫 번째 단계로 화가 일어났을 때 "왜 회를 냈을까?" 알아차림을 하는 것입니다. 이렇게 알아차림 마음 관찰을 반복하다 보면 분노가 일어나는 횟수 및 크기가 줄어들 것입니다. 처음에는 (행)에서 일어난 심리 작용 무의식의 분노가 (식)의 의식을 잠식하기 때문에 화를 낸 후에도 "왜 화를 냈을까?" 관찰하기가 어려울 것입니다. 그러므로 알아차림에 대해 너무 욕심 내지 말고 1일 1회라도 "왜 화를 냈을까?" 일과를 돌이켜 보는 습관이 중요합니다. 이때 자연스럽게 화를 내었던 상황이 떠오르며 사람마다 대상을 원망하기도 자신을 자책하기도 할 것입니다. 원망 또는 자책의 분별을 하지 말라는 것도 아닙니다. 처음에는 우선 하루에 1번이라도 "왜 화를 냈을까?" 돌이켜 보는 습관을 키워 가자는 것입니다.

분노에 대해 의식적으로 알아차림 하는 습관이 배다 보면 분노가 표출되는 순간 "왜 화를 냈을까?" 하며 알아차림 하는 횟수가 늘어날 것입니다. 저자의 사례를 보면 자동차 운전 중 갑자기 끼어든 차량 때문에 브레이크를 잡았을 때 "뭐 저런 ○○○" 욕을 하던 내 모습이 보였습니다. 집에 돌아와 "왜 화를 냈을까?" 돌이켜 생각하던 중 옆자리에 있던 아들이 놀라던 모습이 떠올랐습니다. 상대 차량은 이미 보이지 않았고 나의 폭력적인 행동에 놀라던 아들 모습이 생생했습니다. 어리석은 내 모습이 보였습니다. 아들 옆에서 혼자 화를 낸 내 모습이 어처구니없다는 생각이 나를 일깨워 주고 있었습니다. 그 자각이 뇌 깊은 곳 (수)(상)의 관념까지 일부 자극했다고 보입니다. 그 후에는 운전 중에 화를 내면 즉시 "왜 화를 냈을까?" 순간 떠올리다 보니 일상의 다른 사례에서도 알아차림 하는 횟수가 늘어났습니다. "왜 화를 냈을까?" 알아차림이 화가 일어나는 것을 다 멈출 수는 없지만, 화가 표출되는 강도를 줄이는 데 중요하다는 것을 알아 가고 있습니다.

나. "화에는 어떤 의미가 있을까?"

"왜 화를 냈을까?" 마음 관찰과 더불어 함께 해 나갈 과정은 "화에는 어떤 의미가 있을까?" 알아차림을 하는 것입니다. 불교 수행 법문 중 마음이 일어날 때마다 "이뭐꼬" 수행이 있다고 합니다. "화에는 어떤 의미가 있을까?" 알아차림과 유사한 과정이라고 보입니다. 알아차림을 통한 마음 관찰은

(행)에서 일어나는 감정을 가라앉히는 것은 물론 (수)(상)에 뿌리를 둔 나 중심의 본능적 욕구도 조금씩 정화해 가는 과정이라고 할 것입니다.

저자는 분노가 착각에서 이어졌다는 것을 수십 년 동안 이해하지 못하다가 최근에 와서 과거의 경험을 되돌아보면서 알아 가고 있기에 "화에는 어떤 의미가 있을까?" 알아차림을 하려 노력하고 있습니다. 한 사례를 살펴보면 과거 어느 날 사무실에서 책상 서랍에 있다고 생각했던 고급 펜이 보이지 않는다고 생각이 드는 순간 옆 사람 앞사람 등 주변 사람을 의심하는 의심이 순간 치고 올랐고 누가 가져갔나, 놀리는 건가, 혼자서 주고받는 생각에 분노가 일어났습니다. 펜 분실로 손해 보지 않아야 한다는 탐욕에 의심까지 더해 분노가 일어났던 것입니다. 퇴근 후 집에 와 보니 그 고급 펜은 집 책상에 있었습니다. 당시 정신적으로 힘들었던 주변에 대한 피해망상이 탐욕과 연계하여 의심을 더 부추겼던 것으로 분석됩니다. 즉 손해 보지 않으려는 탐욕에서 시작된 의심이 피해망상과 연합해 더 큰 분노로 이어졌지만, 실상은 착각이었다는 것을 이십여 년이 지나는 시점에서 되돌아보게 되었습니다. 과거를 되돌아보면서 시작된 마음 관찰은 나 중심의 시각이 주변 사람들의 말이나 행동에 대해 분별 의심과 착각을 일으킨다는 것을 알아 가고 있습니다. 특히 피해망상이 연계되어 주변 사람들을 의심하며 분노를 일어나게 한 것들 그 중심에는 착각이 숨어 있을 수 있다는 것을 한참 뒤에야 깨달아 가기 시작한 것입니다. 의심과 착각의 경험을 일부 이해하면서 "화에는 어떤 의미가 있을까?" 생각하기 시작했고 '나에게 보이는 것이 다가 아니다. 나의 마음에는 착각이 많다.'라는 것을 알아 가려 노력하고 있습니다.

지금 사무실 펜 분실 상황이 또 발생한다면 어떤 마음을 가지려고 노력

할까요? 사무실에서 고급 펜을 분실했다고 인지할 때 책상을 다시 찾아본 후 주변에 대한 의심과 더불어 분노가 일어나면 "화에는 어떤 의미가 있을까?" "왜 주변인을 의심할까?" 떠올릴 것이며 생각에는 착각이 숨어 있을 수 있다는 관념이 개입해 주변인에 대한 의심의 생각을 순간순간 멈추게 할 것입니다. 아직 의심에 의한 분노의 마음을 온전하게 내려놓지는 못하지만 분노의 마음에는 수많은 의미 없는 생각들이 숨어 있음을 "화에는 어떤 의미가 있을까?" 알아차림을 통해 배워 가고 있습니다.

마음의 병 알아 가기

불교 경전에 마음의 병은 탐진치의 고통에서 시작되어 커진다고 합니다. 이 세상에 인간으로 태어나 고통 없이 행복하게만 살 수 있는 사람은 없을 것입니다. 많은 사람이 탐진치의 어리석은 분별 행동하며 마음의 병을 키워 간다는 것입니다. 마음의 병을 알아 가는 이유는 피해망상 트라우마 우울증 등 정신증이 발병하는 원인과 마음의 관계를 분석하기 위한 것입니다. 의사의 소견이 필요한 정신증 및 치료 과정들을 논하는 것이 아니라 탐진치의 마음 작용과 연계하여 마음의 병을 분석하고 있다는 것을 이해하고 접근하였으면 합니다.

여기서 잠깐, 세상에 어떤 원인 없이 독자적으로 존재하는 물질이 있을까요? 결코, 독자적 또는 독립적으로 존재하는 것은 찾을 수 없을 것입니다. 인간의 마음도 마찬가지로 어떤 요인들이 연계하여 마음 작용이 일어나고 있습니다. 마음의 병 원인이 되는 탐진치도 (수)(상)에 자리한 나 중심의 관념에 의거하여 물질세계 대상을 향한 탐심의 욕망 에너지를 만들고 그 욕망을 충족하지 못한 에너지가 (행)에서 분노로 일어나 (식)에서 어리석음의 분별 행동으로 이어지는 것입니다. [7장 탐진치와 마음(오온)의 관계 참조]

그러므로 마음의 병은 그 원인이 되는 탐진치를 관찰하고 분석하여 접근하는 치료가 필요하지만, 탐욕과 무지에 가려 헤매고 있는 것입니다. 사람들은 보편적으로 마음의 병에 대한 원인을 분석하기보다는 겉으로 드러난 상처를 지우거나 잊으라고 조언하는 사람이 많으며 정작 자신도 마음의 상처를 지우고 잊으려 애쓰는 경우가 많습니다. 그러나 피해망상, 트라우마 등 마음의 상처는 지우려 애쓸수록 선명하게 드러나곤 할 것입니다. 왜냐하면, 피해망상 트라우마 등 마음의 상처는 마음 깊은 곳 (수)

(상)에 생존본능 및 관념으로 자리하고 있어 지워지지 않기 때문입니다. 피해망상 트라우마 등 정신적으로 힘든 아픔을 해소하려면 상처의 원인을 지우려 하기보다는 마음 관찰을 통해 수면 아래로 가라앉히는 노력이 필요할 것입니다.

1. 트라우마

트라우마는 생존본능(전쟁, 위협, 재해, 외상 후 스트레스)에 의한 두려움과 기억에서 발생할 수도 있고 무엇인가 감추고자 하는 수치심에서 이어질 수도 있다고 합니다. 트라우마의 원인이 되는 생존본능 및 수치심도 (수)(상)의 나 중심 관념에 뿌리를 두고 있다는 것을 사례별로 분석해 보고자 합니다.

가. 생존 위협에 의한 트라우마

※ 어린 시절 개 물림 사고 후 트라우마 작용 사례

저자는 어렸을 때 이웃집에서 그네를 타다가 개에 물린 적이 있습니다. 그 이후 어른이 되어서도 주변에 개가 지나가면 머리카락이 쭈뼛쭈뼛 서는 경험을 하곤 합니다.

어렸을 때 개는 위험하다는 인식이 (수)(상)의 생존본능에 의거, 표상의 **트라우마**에 연계하여 (행)의 변연계 두려운 감정을 자극하고 (식)에서 피하려는 행동을 하는 사례입니다.

위 표에서 생존본능에 의한 트라우마 작용 사례를 서술적으로 나열해
보면 저자가 주변에 지나가는 개(색)를 보는 순간 (수)의 나쁜 느낌과 (상)
의 개 물림 트라우마(표상 인식)가 직접적 동시적으로 연계되어 (행)에서
두려운 감정을 일으키고 (식)에서 피하려는 분별 행동을 하는 것입니다.
생존본능에 자리한 트라우마가 기억에서 지워지지 않는 이유는 무엇일
까요? 오온 중 (수)(상)에서 작용하는 생존본능과 (행)에서 일어난 두려운
감정이 기억 영역에 강하게 연계되어 있기 때문으로 보입니다. 사례로 등
산로에서 뱀을 본 경우 생존본능에 의거하여 피했는데 오랜 시간이 지나
도 그 장소에만 가면 뱀의 기억이 떠오르는 것은 (행)의 감정 영역 변연계
해마의 장소 기억에 (수)(상)의 생존본능이 서로 깊이 연계된 것으로 분석
된다는 것입니다.

위에서 살펴본 바와 같이 오온 중 마음 깊은 곳 (수)(상)의 생존본능에
표상으로 연계된 트라우마는 궁극적인 치료가 매우 힘들다 할 것입니다.
왜냐하면, 생존본능이 작용하는 (수)(상)의 느낌 인식 부분까지 상처가 생

겼다면 그 근본 원인이 되는 표상을 지우거나 바꾸기가 무척 힘들기 때문입니다. 트라우마의 치유를 위해서는 생존본능 깊은 곳 (수)(상)의 느낌 인식까지 잠식한 표상이 착각이라는 것을 (식)의 분별 의식 영역에서 깨달아 가야 할 것입니다.

트라우마에서 벗어나기 위해서는 그 원인이 되는 대상의 요인을 제거하면 좋으나 실상에서 그 대상을 없애기는 불가능한 것이 대다수의 사례일 것입니다. 그러므로 (수)(상)의 마음 깊은 곳에서 생존본능과 연계한 트라우마는 그 원인을 없어지게 한다기보다는 반대 급부되는 상황을 반복하여 그 병의 원인을 수면 아래로 가라앉히는 것이 효율적일 것입니다. 저자의 개에 대한 트라우마의 경우 주변 환경에서 개라는 대상을 지울 수 없다면 개와 함께하는 좋은 시간을 반복하여 (수)(상)에서 작용하는 개의 이미지에 대한 인식 관념을 좋은 쪽으로 희석하다 보면 개에 대한 적대적인 표상이 유화적인 표상으로 변해 갈 수도 있다는 것입니다.

일상에서 하는 말 중 "나쁜 일은 잊어라. 좋은 일만 생각해라." 등 입에 발린 말들은 트라우마 등 마음의 병이 있는 사람에게 사실상 큰 도움이 되지 않습니다. 왜냐하면, 기억은 지우개처럼 절대 지워지지 않기 때문입니다. 삶에서 생존을 위협하는 상황의 생존본능 트라우마는 지워지지 않는다는 것을 인식하고 그 표상에 대한 관념을 희석하여 바꾸어 가려는 노력을 계속해 가는 것이 효과적인 접근 방법이 될 것입니다.

나. 열등의 수치심에 의한 트라우마

마음의 병 트라우마의 또 다른 원인으로 열등에 의한 수치심을 떠올릴 수 있습니다. 무엇인가를 드러내지 못하고 감추려는 수치심이 강할 때 트라우마로 이어질 수 있다는 것입니다. 수치심을 일으키는 원인은 종족 보존 본능과 연계된 집단의 사회구성원 관계에서 발생하는 것이 일반적입니다. 보충 설명하면 인간이라는 집단의 공동체 관계가 유지되어 가는 이성 또는 어떤 상대와의 사회적 관계에서 인정받고 싶어 하는 비교 관념 욕구의 기준을 채우지 못한 열등감을 숨기려 할 때 수치심이 발생한다는 것입니다. 수치심을 일으키는 조롱, 굴욕, 불명예, 치욕 등은 모두 어떤 대상으로부터의 인정욕구 기준을 채우지 못하는 열등의식의 상처에서 발생한다는 직접적인 사례들이기도 합니다.

위에서 살펴본 바와 같이 열등의 수치심에 의한 트라우마는 비교 관념에서 시작된다는 것을 알 수 있습니다. 트라우마의 시작인 열등의 수치심은 어떤 대상 (색)에 대한 나 중심 비교 관념 (상)이 나쁜 느낌 (수)와 직접적 동시적으로 연계하여 (식)에서 열등이라고 분별한 후 감추고 싶어 하는 마음의 수치심을 일으킨다는 것입니다. 열등의 수치심에 의한 트라우마를 분석하기 위해서는 수치심이 어떻게 작용하는지 마음 관찰이 필요하므로 열등의 수치심을 신체적인 부분과 정신적인 부분으로 구분하여 분석해 보고자 합니다.

※ 허벅지 안쪽에 붉은 반점의 수치심이 트라우마로 작용하는 A 학생 사례

A 학생이 허벅지 안쪽 부근에 감추고 싶은 붉은 반점이 있다고 할 때 체육 시간에 붉은 반점을 B라는 학생이 보고 소문이 나며 놀림감이 되었고, 그때마다 그 학생은 화가 났습니다. 그 후 언제부터인가 주변에서 빨간색 이야기만 들려도 붉은 반점이 비유되며 본인을 놀리는 것 같아 **수치심과** 화가 일어났다고 할 때 붉은 반점이 피해망상 및 **트라우마로 마음 작용하는** 과정의 사례입니다.

※ 수치심의 순환적 느낌 인식에 의한 트라우마 작용 사례

            (색)   **(수)**   **(상)** **(행)**   **(식)**

1차 인식   **색깔** 대화 오감(청각) 표상   의지   **인식(빨간색∞붉은반점) 분별**

2차 순환   **나쁜 느낌 + 생각 인식 분노 감정**   화난 얼굴

               (수치심∞트라우마)

* 1단계 마음 작용에서 빨간색과 붉은 반점이 연계되어 (식)에서 분별 인식된 후 순환하여 2단계 마음 작용에 의거, (수)(상)에서 나쁜 느낌과 수치심의 트라우마가 연계하여 (행)에서 분노 감정이 일어나는 사례임
* 수치심과 트라우마는 (상)에서 연합하는 상태임

A 학생의 트라우마 작용 사례를 서술적으로 나열해 보면 주변의 대화에서 색깔(색)의 내용이 1단계 마음 작용에 의거하여 (수)의 오감으로 들어와 (상)(행)을 통과하여 (식)에서 빨간색과 붉은 반점의 이름 및 의미가 인식 분별 된 후 다시 순환과정을 거쳐 2단계 마음 적용에 의거 (수)(상)

에서 나쁜 느낌의 표상(수치심∞트라우마)이 연계하여 (행)에서 분노 감
정을 일으키고 (식)에서 다시 분별 행동을 하는 것입니다.

1) 신체의 열등에 의한 수치심

얼굴이 못생겨서, 키가 작아서, 뚱뚱해서 등등 자신의 비교된 모습 때문
에 열등감에 의한 수치심을 갖고 괴로워하는 사람들이 있으며 자기 외모
에 대한 열등으로 대인 관계를 회피하는 등 마음의 병 트라우마로까지 심
각해지기도 합니다. 사례로 몸에 숨기고픈 붉은 반점이 있다거나 가늘다
고 느끼는 다리를 감추려는 수치심에 한여름에도 짧은 바지를 입지 않는
것도 이성이나 어떤 상대로부터 비교되는 단점을 보이지 않으려는 행동
일 것입니다. 인간이라는 종족 집단의 사회구성원 관계에서 신체적인 열
등감을 감추려는 수치심이 일어나는 사례입니다.

보충 설명하면 (상)이라는 비교 관념에 이미 외형의 표상 기준이 형성
되어 있으며 (상)에서 그 기준에 미달하는 열등의 부정적 생각이 (수)의
나쁜 느낌과 직접적 동시적으로 연계하여 사회구성원 관계에서 자신을
감추려 하는 수치심이 (식)의 분별 영역과 연계하여 일어난다는 것입니
다. 신체적 열등의 수치심이 강하게 자극할 때 종족 집단의 사회구성원
관계에서 대인 관계를 회피하는 등 (행)의 두려운 감정으로 연계되고 트
라우마로 이어질 수 있을 것입니다.

사실 사람의 외모를 구분하는 기준이 어디서부터 출발했는지 명확하
지는 않지만, 인종과 국가는 물론 사회문화 및 전통에 따라 그 아름다움
의 기준도 다르다고 합니다. 사람의 키가 크고 작은 기준도 서양 아시아
아프리카에서 지역마다 각자 다르게 인식되고 있습니다. 이렇게 사회문

화적 환경에 따라 신체의 열등 기준도 다르다는 것입니다. 신체적 열등의 수치심이 있는 경우 자신만의 기준에 집착된 것은 아닌지 되돌아보자는 것입니다. 특히 열등의 수치심은 감추려는 마음이 가장 큰 병의 원인이라는 자각이 중요합니다. 마음의 자각으로 열등을 드러내는 연습을 조금씩 해 나갈 때 수치심이 소멸하여 갈 것이며 트라우마에서 벗어나 자유로운 길로 갈 수 있을 것입니다.

2) 정신적 열등에 의한 수치심

인간이라는 종족 집단의 사회구성원 관계에서 소외 또는 낙오될 시 정신적 열등에 의한 수치심이 생깁니다. 사례로 학교에서 따돌림당하는 학생의 경우, 어떤 조직에서 놀림감이 되거나 무시당하는 경우, 직장에서 능력이 없다고 생각되거나 동료들과 비교해 승급이 안 되는 경우 등등 사회적 관계에서 열등의식이 커지면 정신적 열등에 의한 수치심이 발생하는 것입니다. 인간이라는 종족의 공동체 집단이 유지되어 가는 이성 또는 어떤 사회적 관계에서 인정받고 싶어 하는 비교 관념의 욕구 기준을 채우지 못해 집착하는 열등감이 수치심을 일으키며 트라우마로 이어질 수 있다는 것입니다.

보충 설명하면 (수)(상)의 느낌 인식 기준 관념에 자신의 사회적 관계 기준이 형성되어 있으며 그 관념 기준에 미달하는 열등의 부정적 생각 (상)이 (수)의 나쁜 느낌과 연계하여 열등의 수치심이 일어나고 (행)에서 두려움의 심리 작용이 일어나 (식)에서 자신을 감추려는 분별 행동을 한다는 것입니다. 이때 수치심과 감추려는 마음이 강하게 (행)의 두려움을 자극할 때 (수)(상)의 관념에 트라우마로 자리할 수 있는 것입니다.

이때는 신체적 열등에 의한 수치심을 숨김없이 드러내 치료하는 방법과는 다른 방법으로 접근해야 할 것입니다. 이유는 따돌림, 놀림감, 승급 등 정신적 열등의 해소를 위해 자신이 느끼고 인식하는 대로 드러낼 시 상대방을 포함한 사회구성원의 관계에 심각한 부작용이 일어날 수 있기 때문입니다. 정신적 열등을 해소하기 위해서는 상담 치료 등 다양한 방법이 있을 수도 있겠지만 공통적인 방법을 찾아본다면 전출, 이직 등 열등의 원인이 되는 주변 환경을 스스로 바꾸어 보는 것이 좋으며 그게 힘들다면 자신의 탐욕 기준 눈높이를 낮추려는 노력이 최고의 방법이 될 수도 있을 것입니다.

다. 마음 치유가 힘든 트라우마

생존 위협 트라우마는 보편적으로 오감의 대상과 직접적으로 연계되어 있다면 열등의 수치심에 의한 트라우마는 나 중심의 기준이 된 비교 관념과 연계되어 발생합니다. 그러므로 생존본능에 의한 트라우마는 원인이 되는 대상을 제거하면 트라우마에서 벗어날 수도 있으나 열등의 수치심에 의한 트라우마는 마음속에 숨어 있어 그 치유가 더 힘들다고 할 것입니다. 열등의 수치심에 의한 트라우마는 생존 위협에 의한 트라우마와 다르게 그 원인의 내용을 드러내지 않고 꼭꼭 숨기려 하기에 그 치유도 무척 힘들다는 것입니다.

(수)(상)에 연계된 열등의 수치심을 외부로 표현하지 못하고 꼭꼭 참고 삼킬 수밖에 없는 상황이 반복되는 과정에서 분출되지 못하는 에너지가 쌓이면 트라우마를 일으켜 더 큰 고통을 줄 것입니다. 열등의 수치심

을 표출하지 못하면 (수)(상)에 나쁨의 생각 에너지가 쌓이게 될 것이고 그 에너지를 발산하지 못하고 담고 있는 고통은 이루 말할 수 없을 것입니다. 이때는 어떻게든 수치심의 에너지를 외부로 분출해야 하는데, 이때 종교의 힘이 치료의 효과에 큰 힘이 될 수도 있다고 보입니다. 천주교의 고해성사, 기독교의 회개, 불교의 참회 등 종교에는 자신의 내면에 숨겨진 것들을 표현할 방안들이 있기 때문입니다.

열등의 수치심에 의한 트라우마를 치유하려면 오온 중 (식)의 영역인 전전두엽의 깨어 있는 의식의 힘을 키워 (수)(상)에 연계된 수치심의 표상을 수면 아래로 가라앉혀야 하나 수치심의 에너지가 내부에서 너무 크게 가로막고 있으므로 원인 분석 치료 자체가 쉽지 않은 것이 보편적 상황입니다. 열등의 수치심에 의한 트라우마는 주변 환경에 대한 피해망상이 밀접하게 연계되는 사례가 많으므로 환경을 바꾸어 나가려는 노력과 속마음을 털어놓을 수 있는 인연을 만나는 것도 마음 치료에 도움이 될 수 있을 것입니다. 자신이 감추고 있는 열등의 수치심을 혼자의 일기를 통해서 관찰하고 표출해 보는 것도 좋은 방안이 될 수 있습니다.

사람들은 트라우마의 원인을 아는 것 같지만 세부적으로 관찰하려고 하지 않는 것이 일반적이라고 보입니다. 트라우마도 정신증으로 오온의 마음 구조에 의거하여 그 원인을 관찰하고 분석하는 노력을 계속하다 보면 조금씩 벗어나는 길이 보일 것입니다. 기본적으로 일과 후 하루를 되돌아보는 습관도 하나의 방법이겠지요. 트라우마는 지우는 것이 아니라 적응해 가는 것이라는 원리를 마음에 새기었으면 합니다.

2. 피해망상

피해망상은 어떤 대상을 의심하는 편견으로부터 시작하며 편견은 나와 너, 내 편과 상대편으로 구분하여 이기거나 손해 보지 않으려는 탐욕에 뿌리를 두고 있습니다.

가. 편견에 의한 피해망상

편견에 의한 피해망상은 나 또는 내 편 중심의 편견에 의한 의심이 반복되며 커지는 마음의 병이라 할 수 있습니다. 인간은 세상에 태어나 경쟁에서 이기고 지는 내 편 네 편의 편싸움을 수시로 하고 있으며 손해 보지 않으려는 탐욕은 계속됩니다. 이때 나 중심의 탐욕에 가려 상대편을 의심하고 무조건 믿지 못하는 편견이 생기며 피해망상으로까지 커지는 것입니다. 피해망상으로 가는 의심은 기본적으로 내가 손해 보지 않으려는 탐욕과 나와 너, 내 편과 상대편이라는 관념의 편견에서 발생하는 것이 보편적입니다. 나 중심의 탐욕과 내 편, 상대편이라는 관념의 비교는 오온 중 (수)(상)에 연계되어 있으며 (식)에서 의심의 피해망상 분별로 이어지는 것입니다.

저자의 경험 사례로 살펴보면 저가가 시골에서 어린 시절을 보낼 때 마을 이장 선거가 한창 진행되고 있었습니다. 3개 마을에서 한 사람의 이장이 선출되는 투표에 각자 자기 마을 사람이 이장이 되도록 선거 운동도 한창이었습니다. 조그만 마을 이장 선거에도 내 편과 상대편이라는 관념의 편견들이 지역을 구분하고 있었던 것입니다. 먼 훗날 성인이 되어 직장생활을 시작하면서 이런저런 모임이 구성되었는데 가장 먼저 구성된 것이 고향 모임이었습니다. 이때도 지역이라는 구분 아래 내 편과 상대편이라는 관념의 편견들이 지역 편견이라는 뿌리를 더 깊게 내리고 있었고 나 내 편이라는 이기적인 마음의 편견은 더욱더 커졌습니다. 극단으로 치우치는 편견에 상대편에 대해 믿지 못하는 의심이 커졌고 그 의심은 피해의식을 넘어 피해망상이란 마음의 병으로까지 진행되며 고통을 키워 갔다는 것을 알게 되었습니다.

마음 작용 과정에서 편견이 의심으로 의심이 피해망상으로 진행되는 근본적인 요인은 오온 중 (수)(상)에 연계된 나 내 편이라는 편견의 집착에서 시작되었음을 알 수 있습니다. 결국 (수)(상)에 연계된 극단의 나 중심적인 생각이 편견을 만들었고 그 편견이 의심 및 피해망상으로까지 이어졌다는 것입니다. 그러므로 피해망상 때문에 어려움을 겪고 있는 사람이 있다면 (수)(상)에 연계한 편견이 어디에 뿌리를 두고 있는지 자신을 관찰하려는 노력이 필요할 것입니다. 또한 자신의 편견으로 인한 두려움이나 분노의 분별 행동이 자녀 세대까지 이어지게 하여 분노 속에 살게 하는 것은 탐진치의 어리석은 행동일 것입니다.

나. 남 탓에서 이어진 피해망상

세상을 살면서 어떤 상황에 부닥쳤을 때 "나한테 왜 그럴까?" 상대의 탓을 하거나 아니면 "내가 왜 그럴까?"라는 자책 또는 성숙된 분별을 할 수 있을 것입니다. 이때 남 탓을 이유로 피해의식에 의한 분노가 일어날 수도 있고 자책에 의한 분노나 우울이 일어날 수도 있습니다. 세상은 보편적으로 "내가 왜 그럴까?" 성숙된 자아를 찾아가기보다는 남 탓, 내 탓으로 인해 피해의식 및 자책 등 어리석은 고통의 길을 가고 있는 사람들이 많습니다.

정치 현실에서 서로 네 탓 공방하는 사례를 보면 나 내 편이 손해 보면 안 된다는 편견의 탐욕이 얼마나 뿌리 깊은지 알 수 있을 것입니다. 그 탐욕이 네 탓 공방의 피해의식에 사로잡히게 한다는 것입니다. 정치 토론에서 서로 간 이해 및 존중보다는 상대를 의심하고 비하하는 형태들에서 평상시 나 내 편 중심의 편견이 얼마나 뿌리 깊게 자리하고 있는지 보여 주고 있기도 합니다. 마음 작용 과정에서 (수)(상)에 연계된 나 내 편이라는 관념에 집착할 때 정도의 차이는 있지만 피해망상이라는 정신증으로까지 진행될 수도 있습니다. 피해망상으로 진행하지 않게 하기 위해서는 나 내 편이라는 집착된 관념의 편견을 내려놓는 연습을 해야 합니다. 즉 남 탓 공방에 대해 스스로 자신의 관념을 되돌아볼 수 있는 마음가짐이 필요하다는 것입니다.

3. 우울증

다수의 사람은 가벼운 증상의 우울증이 수시로 오고 간다고 합니다. 그러나 마음의 병으로 커지는 우울증은 마음 깊은 곳 (수)(상)에서 작용하는 나 중심의 탐욕과 연계하여 있는 것이 보편적입니다. 마음의 병으로까지 진행하는 우울증은 어떤 상황에서 손익 및 이기고 지는 수많은 탐심의 욕구가 반복되어 좌절을 겪거나 장기간 충족되지 못할 때 찾아옵니다. 또한 희망마저 없어질 때는 극단의 상황으로까지 진행할 수 있을 것입니다.

우울증은 동일 환경에서도 병적인 증상, 경미한 증상, 아무런 증상이 없는 사람 등 천차만별로 차이가 있을 수 있습니다. 우울증 증상에 차이가 나는 이유는 자존감 등 어떤 환경에 적응하는 개인의 기질적 요인이 사람마다 다르기 때문으로 보입니다. 즉 자존감의 높고 낮음에 따라 상실감의 크기도 각자 다를 수 있다는 것입니다. 또한 우울증이 도파민과 밀접한 관계가 있는 것은 많은 연구 결과에서 확인되고 있습니다. 일반적으로 어떤 사람의 욕구를 충족하지 못하는 빈도가 빈번하게 일어날 때 마음 작용 과정에서 비교 보상에 연계된 쾌락의 도파민 발생이 억제될 것이며 그 상황이 계속 반복될 때 심각한 우울증으로 진행할 수도 있다는 것입니다. 이렇게 우울증이 도파민과 연관성이 크다는 것은 일반적으로 알려져 있습니다.

임산부의 산후 우울증도 도파민과 관계성이 있다고 합니다. 임산부는 출산 후 도파민 분비가 감소하고 모유 생산을 위해 필수적인 프로락틴의 분비가 증가하며 우울증이 찾아온다고 합니다. 또한 도파민은 뇌에서 분비되어 쾌감과 동기 부여에 영향을 미치는 신경전달 물질이며 성욕을 포함한 쾌감 관련 행동을 촉진한다고 합니다. (출처: 네이버) 우울증이 도파민과 깊게 관계되어 있다는 사례입니다.

도파민은 마음의 특정 영역에서만 분비되는 것이 아니라 (수)(상)의 기저핵 본능 영역과 (행)의 변연계 감정 영역 모두에서 연계되어 있을 정도로 광범위하게 관계성을 갖고 있다고 합니다. 또한 탐욕의 비교 보상 도파민은 어떤 상황에 관한 결과보다 기대 및 동기에 더 활동적이라고 합니다. (러셀 폴드랙의 『습관의 알고리즘』 책 내용 인용)

우울증이 발생하는 사례를 가정 경제 활동과 연계하여 살펴보겠습니다. 어떤 사람이 돈을 벌고 벌어도 가정 경제가 항상 쪼들리는 상황이 반복되며 희망보다 좌절하는 빈도가 계속된다면 쾌감 도파민 활성이 억제될 것이며 점차 우울증으로 진행될 수도 있을 것입니다. 즉 가정 경제가 쪼들리는 현재 상황보다는 앞으로 나아질 수 있다는 기대 및 동기가 결여되는 상황이 반복되며 희망이 없어질 때 더 심각한 우울증으로 진행된다는 것입니다.

참고로 우울증이 자해라는 심각한 사회문제로 커지는 사례를 살펴보고자 합니다. 마음의 병 우울증은 마음 깊은 곳 (수)(상)에 뿌리를 둔 탐욕의 좌절, 피해망상, 트라우마 등 그 원인이 다양하게 분포하고 있습니다. 학교에서 따돌림의 폭력으로 인해 극단의 선택을 할 정도로 심각한 사례들이 언론매체를 통해 종종 들리곤 합니다. 또한 독거노인들이 생활고를 비관하여 자해 등 극단의 선택을 하기도 합니다.

그들은 왜 자해할까요? 결과는 우울증 때문으로 보입니다. 학생의 경우 따돌림으로 인해 (수)(상)에 뿌리를 둔 생존본능 및 열등의 트라우마, 피해망상의 상처가 심각해지면서 도파민 분비보다 스트레스 호르몬이 분비되는 상황이 장기화하며 극단의 우울증이 찾아왔을 것입니다. 독거노인의 사례도 (수)(상)에 뿌리를 둔 비교 보상 관념의 탐욕을 충족하지 못하는 좌절을 반복하면서 미래의 희망 및 동기가 좌절되어 도파민 분비가 억제되는 환경이 장기화함으로써 극단의 우울증이 찾아왔을 것입니다. 결국은 삶에 희망과 동기가 없을 때 극단의 우울증이 찾아오고 자해로까지 이어지는 안타까운 사회문제가 반복될 수 있다는 것입니다. 삶에 대한 동기와 희망을 만들어 가는 사회문화 시스템이 얼마나 중요한지를 되돌아보게 하는 사례라 할 것입니다.

9장

양자역학으로 분석하는 마음 치유

　마음의 병은 몸의 상처와 같이 보이는 것이 아니라 숨은 변수들이 미시 세계 특성처럼 드러나지 않으므로 의식과 무의식의 관계, 느낌과 감정의 관계, 마음과 양자역학의 관계 등 마음 작용의 원리를 알아야 치유에 도움이 될 수 있을 것입니다. 마음의 병에 대한 근본적 치유를 위해서는 그 원인을 찾아가는 마음 관찰이 중요한 영역이기도 합니다. 피해망상, 트라우마, 강박, 우울증 등 마음의 병이 (수)(상)의 생존본능에 뿌리를 내리고 있는지 탐욕에서 시작되었는지 근본 원인부터 관찰해야 한다는 것입니다. 즉 마음의 병 원인이 생존과 탐욕 중 어디에 더 깊게 뿌리를 내리고 있는지 알기 위해서는 살아온 환경 분석이 필요하며, 관념에 따라 표현되는 언어가 폭력에 연계되어 있는지, 물질의 욕구와 관계되어 있는지 등 심도 있는 접근이 필요할 것입니다.

　마음의 병에 대한 원인이 생존 및 탐욕 중 어디에서 시작되었는지 과거의 환경 분석과 함께하여 마음 관찰해야 할 것이 현재의 마음 상태입니다. 마음의 상처가 오온 중 (수)(상)의 느낌 생각 관념 부분에서 맴도는지 아니면 수시로 흥분하거나 우울해지는 (행)의 감정상 문제가 더 큰지를 분석하여 어디서부터 치료해 나가야 할지 개개인의 성향에 맞는 관계성을 찾아야 치료의 효과가 크기 때문입니다. 보충 설명하면 마음의 표현을 감추고 있는 생각 관념 부분에 상처가 큰지, 부정적인 언어 표현 등 감정상 문제가 큰지 분석하여 느낌과 감정 중 어디서부터 마음을 치유해야 할지 면밀한 분석이 필요하다는 것입니다.

　마음의 병으로 이어지는 탐진치 중 (수)의 좋고 나쁜 느낌과 (상)의 생각 인식이 연계하여 작용하는 관념 치료에 대해 어떻게 접근해야 할지 (행)의 감정 심리 반응 무의식과 (식)의 분별 의식이 일어나는 과정의 치료에서 파동 상태를 띠는 무의식과 입자 상태를 띠는 의식의 관계에 대해 어떻게 접근할지 많은 사례별 연구가 필요하다고 할 것입니다. 이 책에서는 마음의 병으로 이어지는 탐진치의 원인과 마음 작용 관계를 분석하고 미시세계 양자역학의 원리에 의한 마음 관찰 및 치유 방안을 제시하여 다양한 환경과 원인이 얽혀 있는 마음의 상처 치유에 도움을 주고자 하였습니다. 마음 관찰 과정에서 의식과 무의식의 관계 파동과 입자의 작용 원리 등 양자역학의 특성과 비교되는 사례들은 마음 치유 분석에 도움이 될 것입니다.

1. 마음 치유를 위한 탐진치 분석

마음의 병 원인이 탐진치의 3독심과 관계되어 있다는 것은 앞에서 설명하였습니다. 탐진치의 주요 내용은 오온 중 (수)(상)에 연계된 나 중심 기준 **(탐)**욕의 집착이 (행)에서 분노 **(진)**의 감정을 일으키고 (식)에서 어리석은 분별 **(치)**의 행동으로 이어진다는 것입니다. 탐욕과 탐진치의 관계 분석을 위해서는 마음 작용 원리를 이해하는 것이 중요합니다. 탐욕은 탐진치의 3독심으로 연계되고 탐진치는 마음의 병으로 이어지는 마음 작용 과정을 알아 가는 것이 마음 치유 과정에서 꼭 필요하다는 것입니다. 탐욕이 생성되는 과정과 탐욕이 탐진치로 이어지는 과정을 분석하여 마음 치유 방안을 살펴보고자 합니다.

가. 탐욕 및 탐진치가 형성되는 과정

탐욕 및 탐진치가 형성되는 과정에는 종교 심리 철학 과학(양자역학)의 원리가 융합되어 마음 작용하는 관계성이 있습니다. 분야별 마음 작용과 연계하여 탐욕이 생성되고 탐진치로 이어지는 과정을 원자모형에 의거하여 살펴보고자 합니다.

표 9-1-1 [탐욕의 원자모형]

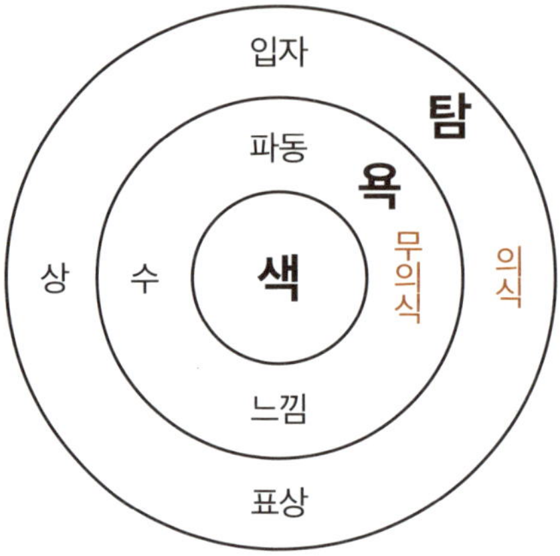

탐욕의 원자모형	오온	분야별 구분	마음 작용
입자 파동 상 수 **색** 느낌 표상 **탐** **욕** 무의식 의식 * 느낌 인식의 원자모형과 유사함 * 탐욕은 작용하기 전 파동 상태	수	느낌 (무의식) (파동)	(수) - 본능의 욕구(기질 등)
			(수)(상) - 욕구 본능과 탐심 연계 - 간뇌 뇌간 기저핵 영역
	상	생각(표상) 인식 (내면 의식) (입자)	(상) - 나 중심의 관념(탐심 등)

표 9-1-2 [탐진치의 원자모형]

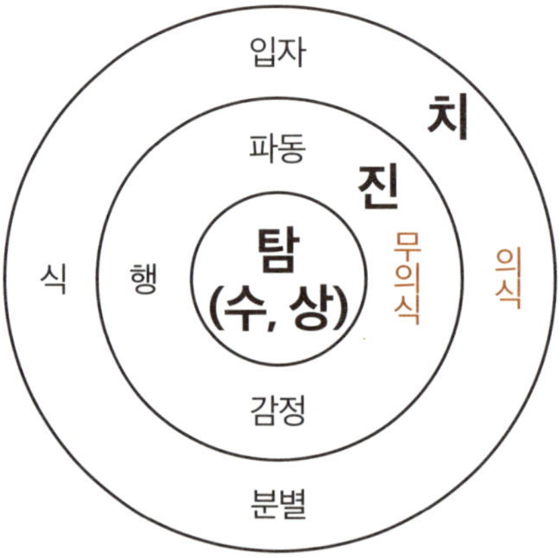

탐진치의 원자모형	오온	분야별 구분	마음 작용
입자 파동 식 행 **탐** **(수, 상)** 감정 분별 **치** **진** 무의식 의식 * 감정 분별의 원자모형과 유사함 * 탐진치는 일어나기 전 파동 상태	수 상 **(탐)**	느낌, 내면의식 (파동, 입자)	- **생존본능, 탐욕 연계** - 느낌 및 생각, 인식 - 표상의 정보 연계
	행 **(진)**	무의식 (파동)	- 감정 반응(**분노 일으킴**) - 행 하고자 하는 의지 - 심리 작용
	식 **(치)**	의식 (입자)	- 분별 행동(**어리석은 행동**) - 사고 및 통제

위 표 원자모형에 의거하여 탐진치가 일어나는 과정을 살펴보면 오온 중 (수)(상)에 직접적 동시적으로 연계된 나 중심의 탐욕 기준이 **(탐)**욕을 충족하지 못해 (행)에서 분노 **(진)**의 감정을 일으키고 (식)에서 어리석은 **(치)**의 분별 행동으로 이어지는 탐진치의 마음 작용 과정을 보여 주고 있습니다. 보충 설명하면 표 9-1-1 [탐욕의 원자모형]에서는 (수)(상)에서 나 중심의 관념에 의거하여 탐욕이 생성되는 과정을 보여 주고 있으며 표 9-1-2 [탐진치의 원자모형]에서는 (수)(상)에서 발생한 탐욕이 (행)에서 분노 (진)의 감정을 일으키고 (식)에서 어리석은 (치)의 분별 행동으로 이어지는 과정을 보여 주고 있습니다. 탐욕과 탐진치의 형성 과정이 오온의 마음 작용과 밀접하게 연계되어 있음을 알 수 있습니다. 탐진치는 불교적 관점에서 많은 연구가 진행되는 분야이기에 이 책에서는 심도 있는 접근보다는 기본적인 마음 작용 원리를 바탕으로 마음 치유 방안을 분석하고자 합니다.

나. 탐진치의 마음 치유 방안

마음의 병으로 이어지는 탐진치의 소멸을 위해서는 어떻게 해야 할까요?

불교 경전에 탐진치의 3독심에서 벗어나는 길에 고집멸도(苦集滅道)라는 사성제 깨달음의 길을 안내하고 있습니다. 고집멸도의 내용을 요약하면 고통의 원인을 알고 그 원인이 되는 집착을 끊으면 깨달음을 얻어 고통을 소멸할 수 있다는 것입니다. 탐욕에 집착하지 않으면 마음의 병으로 이어지는 고통에서 벗어날 수 있다는 것으로 해석됩니다. 하지만 물질주의 탐욕이 지배하는 세상에서 인간이 쾌락의 본능과 연계된 탐욕의 집착을 모두 버리는 것은 너무나 힘든 과정일 것입니다. 그렇다고 궁극적 행복으로 가는 진리의 길이 있는데 포기한다면 더 큰 고통의 수렁으로 빠질 수 있다는 것을 알아야 할 것입니다.

마음의 병 치유를 위해서는 탐욕과 탐진치의 관계 분석이 필요하며 탐진치의 원인 분석을 위해서는 느낌에서 감정으로 이어지는 마음 작용 원리를 알아야 할 것입니다. 탐욕은 탐진치의 3독심으로 연계되고 탐진치는 마음의 병으로 이어지는 마음 작용 과정을 알아 가는 것이 마음 치유 과정에서 꼭 필요하다는 것입니다. 탐진치에서 이어진 마음의 병은 한 번에 치유할 수 있으면 좋겠지만, 보통의 경우는 단계별로 변해 간다고 합니다.

이 책에서는 **(탐)**심, **(진)**심, **(치)**심을 3단계로 분류하여 마음 치유과정을 살펴보고자 합니다. 마음 치유 방안 1단계는 (행)에서 분노가 일어나도 (식)에서 어리석게 분별 행동하는 **(치)**심을 하지 않도록 통제하는 의식의 힘을 키우는 것입니다. 2단계는 (수)(상)의 탐욕이 미충족되어도 (행)에서 분노의 감정 **(진)**심이 일어나지 않도록 다스리는 마음 관찰을 하는 것입니다. 3단계는 (수)(상)에 연계된 나 중심 탐욕의 관념을 변화시켜 **(탐)**심이 작용하지 않도록 하는 최고의 깨달음입니다.

탐진치에서 벗어나는 방안을 오온의 마음 작용 순서에 의거하여 보충 설명하면 첫 번째는 (수)(상)에 연계된 나 중심의 탐욕에 집착함이 없이 중도를 찾아가는 최고의 마음 수행단계이고, 두 번째는 탐욕이 미충족되어도 (행)에서 분노가 일어나지 않도록 감정을 다스리는 마음 관찰을 하는 것입니다. 세 번째는 (행)에서 분노가 일어나도 (식)에서 어리석은 분별의 행동을 하지 않도록 통제하는 의식의 힘을 키우는 것입니다. 위 3단계 마음 치유 수행 방안은 앞서 [6장 탐진치와 오온(마음)의 관계]에서 설명한 내용을 참조하시면 도움이 될 것입니다.

2. 마음의 파동과 입자 관계

　종교, 심리, 철학, 과학(양자역학) 분야별 마음의 관계를 접목하면 오온 중 (수)의 느낌 및 (행)의 감정은 무형의 심리 반응 무의식으로 파동의 성질이 있고 (상)의 생각 인식과 (식)의 인식 분별은 표상을 인식 분별하는 유형의 의식으로 입자의 성질이 있다는 것을 알 수 있었습니다. [4장 마음의 시공간과 양자역학의 원리 참조] 또한 마음의 원형 구조에서 무의식의 파동과 의식의 입자가 층별로 교차하는 관계성도 보여 주고 있습니다. 분야별로 융합되어 마음 작용이 일어나는 과정에서 마음의 파동과 입자 관계가 밀접하게 연계되어 있음을 확인하여 주고 있는 것입니다. 또한 마음이 빛이나 미시세계 소립자의 파동과 입자 관계성처럼 이중성이 있다는 것은 앞서 마음과 양자역학의 원리에서 설명하였습니다. 마음의 파동과 입자 관계에 대한 분석과 마음 치유 방안에 대한 더 많은 연구가 필요한 이유라고 할 것입니다.

　마음은 미시세계의 특성처럼 보이지 않으므로 거시세계 물질의 특성에 직접적인 비유는 힘들지만, 마음의 파동과 입자 관계는 일상 사례에서도 확인되고 있습니다. 일상의 다툼 과정을 다시 사례로 살펴보면 종종 오가는 말들 "열받게 하지 마!"는 열받으면 분노가 커진다는 말의 의미를 담고 있습니다. 일정한 공간에 (열) 온도가 올라가면 파동이 붕괴하여 서로 부딪히는 입자의 활동이 활발해지는 과학적 원리의 특성이 말 한마디에 담겨 있다고 볼 수 있는 것입니다. 오온 중 (행)에서 일어나는 무의식의 분노 감정을 파동과 입자의 상호 작용 원리로 비유해 보면 (행)이라는 공간에 있는 분노 감정(파동의 성질이 강함)에 열을 받게 하면 내부의 (열) 온도가 올라갈 것이고 파동이 붕괴하면서 분노 입자로 활성화되어 (식)의 의식에서 입자들이 부딪히는 어리석은 분별 행동(표현)으로 이어질 수 있다는 것입니다. 사람들이 분노가 일어나 다투는 일상 사례에서도 파동과 입자의 관계가 별개가 아니라 연계되어 있다는 것이며 양자역학의 파동과 입자 이중성 원리와 유사하게 마음이 작용하고 있다는 것을 보여 주고 있는 것입니다. 또한 (행)에서 일어난 분노의 감정이 파동의 성질을 띠다가 열을 받아 (식)의 의식으로 관찰(측)될 시 입자의 성질을 띤다는 것은 양자역학의 관찰자효과 특성과도 유사함을 보여 주고 있습니다. 일상 사례에서도 파동과 입자의 관계가 밀접하게 연계되어 있다는 것은 양자역학의 원리에 의한 마음 치유 방안이 계속 연구되어야 할 분야라는 것을 확인해 주고 있는 것입니다.

3. 파동의 조율에 의한 무의식 감정치료

세상에는 분노의 감정을 다스리지 못해 수많은 사건 사고가 일어나고 있습니다. 그러기에 극단으로 향하는 감정을 치유하는 것이 중요하다고 할 것입니다. 분노의 행동이 이익보다 손실을 준다는 것은 널리 알려진 사실입니다. 그렇다면 분노 감정은 어떻게 치유할 수 있을까요? 탐진치의 마음 작용 중 (행)에서 일어나는 무의식의 분노 감정을 마음 관찰하여 다스리면 (식)에서 어리석은 분별 행동으로 이어지지 않을 것입니다. 이때 중요하게 관찰할 것은 (행)에서 일어나는 무의식의 분노 감정은 파동의 성질을 띠고 있으므로 파동과 입자의 특성 중 파동의 성질을 이용한 마음 치료가 효율적이라는 것입니다. 칼로 물 베기란 속담이 있습니다. 칼이라는 물질 입자로 파동의 성질이 있는 물을 벨 수 없다는 의미와 연계하여 생각하면 파동의 성질이 있는 감정은 입자가 아닌 파동의 특성을 이용해야 한다는 것에 대해 이해가 될 것입니다.

인간의 오감 안이비설신 중 파동과 가장 밀접한 감각은 무엇일까요? 파동의 진동으로 전달되는 것은 청각에 의한 소리일 것입니다. 소리의 파동이 무의식의 감정과 관계성이 크다는 것입니다. 사례로 아파트 층간 소음 등 청각으로 들리는 소리 파동이 다양한 감정을 유발한다는 것은 일상의 생활에서도 상시 접하는 일들입니다. 오감 중 청각을 자극하는 소리 파동이 감정과 밀접한 관계가 있다는 것을 보여 주고 있는 것입니다. 노래를 들으며 마음을 다스리는 것도 파동의 효과라고 볼 수 있으며 조용한 사찰에서 새소리, 물소리 등 자연의 소리에 귀 기울이며 마음을 수행하는 것도 파동의 조율과 관계성이 있다고 할 것입니다. 즉 (행)에서 일어나는 분노 등 무의식의 감정 심리 현상은 미시세계 파동의 특성이 있으므로 청각에 의한 소리 파동을 이용한 치유가 효율적이라는 것입니다.

이 세상에 소리의 파동으로 전달되는 음악이 없다면 어떤 상황이 일어날까요? 음악 없는 세상을 한번 상상해 보시지요. 음악이 없다면 삭막하고 메마른 감정이 세상을 지배할 것입니다. 그만큼 감정의 조절에는 음악이 중요하고 그 음악은 청각을 자극하는 소리의 파동으로 흐르며 무의식의 감정과 밀접한 관계성이 있다는 것입니다. 실질적으로 감정의 기복이 큰 조울증 환자의 경우 감정치료에 음악이 활용되고 있다고도 합니다. 저자가 정신증 환자의 음악치료에 구체적인 방법을 제시할 수 없는 이유는 사람마다 다른 각자의 성향과 생체환경 등 복합적인 분석이 필요할 수 있기 때문입니다. 단지 무의식의 감정 조율을 위해서는 조증인지 울증인지, 목소리 톤이 높은지 낮은지, 성격이 급한지 느긋한지 등 마음의 상태와 기질에 대한 세밀한 분석을 해야 할 것입니다. 위에서 살펴본 바와 같이 (행)에서 일어나는 무의식의 감정은 파동의 성질이 있으므로 파동의 조율에 의한 무의식 감정치료가 효과적일 수 있다는 것을 양자역학의 원리에 접목해 분석해 보고자 합니다.

가. 음악의 조율에 의한 감정치료

조증으로 흥분된 사람, 울증으로 우울한 사람을 같은 정신증 환자로 보고 동일 공간에서 동일 음악을 틀어 주는 것은 어떤 환자에게는 역효과가 나타날 수 있다는 것을 인지한 접근이 필요할 것입니다. 자연의 소리처럼 조증이든 울증이든 보편적으로 어울리는 소리가 있을 수 있지만 환자의 성향으로 볼 때 어떤 개인의 기질과는 맞지 않는 불편한 음악이 있을 수 있다는 것입니다. 일반인이 일상에서 좋아하는 음악이 개인의 성향마다 다르다는 것은 정신증 환자도 마찬가지일 것입니다.

어떤 사람의 무의식에 숨어 있는 마음의 병 요인들을 찾기는 무척 힘든 과정입니다. 정신증 환자에게 맞는 음악의 선택도 쉽지 않은 과정들이 있을 수 있다는 것입니다. 그래서 환자에게 여러 가지 소리의 파동을 들려주며 좋아하는 음악을 찾아가는 것도 하나의 방법일 수 있을 것입니다. 감정치료가 필요한 환자가 음악을 싫어한다는 것은 자신에게 맞는 음악을 찾지 못했다거나 어려서부터 음악에 익숙하지 않아서일 것입니다. 그럴수록 파동의 성질이 있는 음향을 통한 분노 등 감정치료는 필요할 것이며 보통은 음악이 중요한 역할을 할 수 있을 것입니다. 감정치료를 위해 어떤 음악이 효율성이 있는지 그 구분은 개인마다 다양한 분야의 세밀한 분석이 필요하기에 이 책에서 답을 줄 수 없지만, 정신병동의 한 사례를 접목하여 음악의 파동과 감정의 관계를 분석해 보고자 합니다.

1) 파고의 높낮이에 의한 조율

어떤 사람의 음악 성향을 관찰하다 보면 그 사람의 내면에 있는 기질과 성격을 분석하는 데 도움이 될 것입니다. 개인의 성향에 따라 파고의 높낮이가 큰 정열적인 음악을 좋아할 수도 있고 잔잔한 음악을 좋아할 수도 있습니다. 이때 중요한 것은 외적인 행동과 음악의 조율이 상반되는지, 유사성이 있는지 등 세밀한 분석이 필요하다는 것입니다. 이유는 마음의 상처가 큰 사람일수록 일상에서 내면의 마음을 감추는 상반된 행동을 하는 성향을 보일 수 있기 때문입니다. 사례로 폭력에 대한 두려움을 감추기 위해 폭력으로 표출하는 행동이 해당할 것입니다.

정신병동의 사례를 보면 정신병동 환자 30여 명 중 40대로 보이는 한 환자는 항상 흥분된 상태의 톤으로 이야기했고 행동 범위도 넓었습니다. 아침에 일어나 치약을 건네며 "이 치약 쓰세요. 비싼 치약이에요."라고 톤이 높은 말투로 말을 건네기도 했는데 여러 사람에게 비슷한 행동을 한다는 것을 알게 되었습니다. 그런데 상대가 대응하지 않거나 나약해 보이면 잠시 잠시 폭력적인 억양의 말투와 표정이 보였습니다. 이 글을 쓰는 시점에서 그 환자의 상황을 분석해 보면 관심을 받고 싶어 하는 성향이 무척 컸었다는 것을 알 수 있으며 조증의 상태가 심한 정도인 것으로 보입니다.

이런 조증이 심한 경우 톤이 높은 음악이 도움이 될까요? 조증의 파고와 음악의 파고가 마루에서 서로 만나면 더 큰 마루의 불안정한 파고가 일어나지 않을까요? 감정의 치유를 위한 파고의 높낮이 조율은 사실상 파도타기를 하는 것처럼 자연의 원리와 조율되는 음악치료 방안들이 접목되어야 한다는 것입니다. 위 40대 환자의 경우 사람들과의 관계에서 톤 높은 말투와 행동을 하고 있었지만 노래 교실에서 자신이 부르는 노래는 아주 낮은 저음의 노래를 부르는 것을 여러 번 확인했었습니다. 또한 노래 부를 때 표정은 평소와 다르게 아주 우울해 보였습니다.

위 환자의 경우 높은 톤의 어투 및 행동과 다르게 아주 낮은 톤의 음악을 부르는 이유는 어떤 생명체가 화음을 맞추며 파동의 조화점을 찾아가는 자연의 원리를 생각하게 합니다. 평소에 톤이 높고 거친 표현은 내면의 마음과 상반되어 있었기에 음악을 통해 자신을 조율하려 애쓰고 있었던 것으로 보입니다. 인간의 마음 작용과 자연의 이치가 서로 상극으로 흐르는 것이 아니라 파고의 높낮이 등 조율을 이루어야 안정된 마음을 찾는 데 도움이 될 수 있다는 것을 알려 주는 사례로 보입니다.

2) 파장의 선율에 의한 조율

일상에서 음악을 들을 때 파고의 높낮이 리듬에 멜로디의 선율이 가미되면 더 큰 감동과 정서적 안정을 찾는 데 도움이 될 수 있을 것입니다. 음악의 소리 파동에 의한 감정치료는 파고의 높낮이뿐 아니라 파장의 멜로디가 가미될 시 그 효과가 커질 수 있다는 것입니다. 음악의 리듬 및 멜로디에 억양 및 말투를 비유해 보면 억양이 센 사람이 빠르게 말하고 억양이 낮은 사람이 느리게 말하는 것이 일반적이며 빠른 말과 느린 말은 성격이 급한지 느린지도 말의 표현에서 보여 주고 있기도 합니다.

앞서 정신병동 사례에서 본 40대 환자의 경우 높은 억양과 빠른 말투의 표현과 행동이 있었으나 부르는 노래는 무척이나 많이도 낮고 늘어지게 불렀습니다. 평소 외형의 표현과 내면의 감정이 다르다는 것을 노래로 확인할 수 있었다는 것입니다. 사람마다 숨어 있는 무의식의 성향이 다를 수 있기에 외형으로 보이는 일부 사례의 억양 및 행동에 의거하여 정신적인 면을 온전하게 판단할 수는 없을 것입니다. 단지 오온 중 (행)에서 일어나는 무의식의 감정 심리에 대한 분석 및 치유를 위해서는 말의 억양 및 말투와 음악 성향 등 소리의 파동과 관계된 세밀한 분석이 필요하다는 것입니다. 즉 파동의 성질을 띠는 (행)의 무의식 분노 감정을 치유하는 데는 파고와 파장이 잘 조율된 음악 등 소리의 파동이 큰 효과를 줄 수 있을 것입니다.

3) 노래 가사에서 이어진 복합적 감정 알기

음악의 리듬과 멜로디가 어우러진 소리의 파동이 현재의 감정을 조율한다면 음악의 가사 내용은 과거와 접목된 복합적인 감정이 나타나게 합니다. 어머니의 향수 어린 노래를 하거나 듣는 경우 대다수 사람이 울컥한 감정이 일어나고 사랑하는 애인과 이별의 노래가 나오면 울적한 감정이 일어날 것입니다. 이렇게 노래 가사의 내용은 과거를 회상하게 만듭니다. 과거의 회상에는 마음 작용의 양면이 있습니다. 첫째는 마음의 병에 대한 원인을 찾아가는 긍정적인 면이 있고 둘째는 아픈 기억으로 마음의 상처를 더 크게 하는 부정적인 면이 있을 수 있다는 것입니다. 노래 가사는 상황에 따라 삶의 충전소 역할을 할 수도 있지만 마음의 상처가 되살아나는 아픔의 회상이 될 수도 있을 것입니다. 일반인의 경우 노래 가사 내용이 감정의 정화와 삶에 대한 의지가 될 수도 있겠지만 피해망상이 심한 환자의 경우 언어의 속성상 노래 가사의 기표 이름과 의미는 분별의 잡생각이 여기저기 끌고 다니는 혼란스러움을 줄 수 있다는 것입니다.

노래 가사는 시대의 아픔을 전달하는 수단이기도 하며 소통의 자유와 공유라는 측면에서 긍정적인 부분이 많습니다. 그러나 피해망상 및 환청이 있는 환자의 경우 노래 가사는 자신을 알 수 없는 세계로 끌고 가서 오만가지 잡생각과 감정이 교차하는 마음 작용을 일으킬 수 있습니다. 그래서 피해망상 등 정신증이 심한 환자의 경우 보편적으로 가사가 없는 클래식이나 협주곡 등 리듬과 멜로디가 오가는 음악의 파동에 의한 감정치료가 필요할 것입니다. 노래 가사가 수반되는 치료의 경우는 상황극 등 빛의 입자 성질을 띠는 인식 관념 치료와 병행하는 것이 효율적이지 않을까? 의견을 제시하는 것입니다.

4. 입자의 특성에 의한 의식의 관념 치료

(수)(상)에 연계된 느낌 인식 관념 치료는 생존이나 탐욕의 본능에 집착된 (상)의 인식 관념을 변화시키는 과정입니다. (수)의 좋고 나쁜 느낌과 연계하는 (상)의 생각 인식은 내면 의식으로 입자의 성질을 띠고 있으며 (수)(상)은 직접적 동시적으로 연계되어 작용하므로 서로 분리해서 설명할 수 없는 관계를 맺고 있습니다. 마음 작용 과정에서 (수)의 좋고 나쁜 느낌은 중첩되어 있다가 (상)의 생각 인식이 관찰(측)되는 순간 좋고 나쁨 중 하나의 상태로 나타나는 것입니다. 이는 양자역학의 중첩 및 관찰자효과와 유사한 특성이 있다는 것을 앞서 [4장 마음의 시공간과 양자역학의 원리]에서 설명하였으니 참고하시길 바랍니다.

여기서 중요한 것은 (수)의 좋고 나쁨과 연계하는 (상)의 인식 관념 내면 의식은 입자 상태이기에 소리의 파동보다 빛의 알갱이들이 부딪히는 입자의 원리를 이용할 때 인식 관념의 변화 및 치유에 효율적일 수 있다는 것입니다.

그렇다면 빛과 연계성이 있는 감각기관은 무엇일까요? 다 아시다시피 빛은 오감 중 눈의 시각과 밀접한 관계성이 있습니다. 그러므로 입자의 성질을 띤 (상)의 내면 의식 인식 관념에 대한 변화 및 치료는 음악 등 소리의 파동보다 시각에 의한 빛 입자의 직접적인 자극이 효과를 낼 수 있을 것입니다. 백문이 불여일견이란 속담이 있습니다. 백 마디 말보다 한 번 보는 것이 효과적이라는 것입니다. 이 속담은 파동의 성질을 가진 감정과의 관계보다는 입자의 성질을 가진 (상)의 생각 인식 관념을 변화시키는 관계를 비유하는 속담이라 할 것입니다.

(상)의 인식 관념 치료와 연계하여 중요하게 관찰할 부분이 언어 문자와의 관계성입니다. 인간은 다른 생명체와 다르게 언어 문자와 마음 작용이 밀접하게 연계되어 있기에 오감과 언어 문자와의 관계를 접목하여 의식의 변화 관계에 접근할 필요성이 있습니다. 이때도 무의식의 파동과 의식의 입자 성질은 관계하여 작용합니다. 그렇다면 (상)의 인식 관념 내면 의식을 변화시킬 수 있는 감각의 언어 문자 활동은 무엇이 있을까요? 오감으로 접근해 보면 말하기 읽기 쓰기 중 말하기는 소리의 파동으로 입자의 성질이 있는 (상)의 생각 인식을 변화시키는 데 효율성이 낮을 것이며, 읽기는 문자 입자가 시각의 빛으로 들어와 관계하므로 (상)의 생각 인식 입자 상태를 변화시키는 데 효과를 낼 수 있을 것입니다. 누구의 말을 듣고 깨달았다는 사람은 찾아보기 힘들어도 어떤 책을 읽고 깨달았다는 사람들이 많은 것은 (상)의 인식 관념 변화에 말의 파동보다는 빛의 입자가 영향을 크게 준다는 것을 알려 주는 것입니다. 또한 글쓰기는 오감이 아닌 내면의 고요하고 미세한 마음 작용으로 감정과 관념의 변화에 모두 영향을 주는 최적의 마음 관찰 수단일 수 있습니다.

부부싸움의 사례로 파동과 입자의 특성을 살펴보면 수십 년 말싸움해도 상황이 변하지 않고 번복되는 것은 전달되는 말이 파동의 성질을 띠고 있기 때문입니다. 부부싸움을 멈추기 위해서는 (상)의 인식 관념 내면 의식의 입자 성질 변화가 필요하므로 빛 입자를 통한 책을 읽어 깨우치거나 상황극 등 극단의 상황을 직접 보면서 자각하는 성찰을 해 가는 방법이 효율적일 것입니다. 책 읽기는 대뇌피질 영역 (식)에서 언어의 이름 기표 및 의미가 조합되어 (상)의 생각과 피드백 과정을 거치며 인식 관념을 변화시켜 가는 순환과정이 이루어지며, 상황극은 (상)에 연계된 인식 관념의 이미지를 자극하며 관념을 변화시켜 가는 과정이라 할 것입니다.

어제도 오늘도 이어지는 부부싸움을 변화시키기 위해서는 어떻게 해야 할까요? 마음먹기에 따라 간단하게 보이지만 평생 바꾸지 못하는 것이 각자의 생각 인식 관념입니다. 사람들은 자신의 관념이 바뀌어야 상대의 관념도 바뀔 수 있다는 기본 원리를 등한시하고 살아가는 것이 일반적입니다. 자신의 변화 없이 상대가 변하기를 바라는 것은 감나무 밑에 누워 감 떨어지는 것을 기다린다는 속담과 유사하다고 할 것입니다. 상대의 변화를 바라는 것보다 자신의 관념을 바꾸는 것이 부부싸움을 변화시킬 수 있는 지혜로운 방법이라는 것입니다. 그러나 실상은 (수)(상)에서 작용하는 나 중심의 느낌 인식 관념이 가로막고 있어서 실천하기가 어려운 것입니다. 불교에서는 나 중심의 생각을 아상이라 하고 있으며 아상을 버리면 해탈한다고 할 정도로 인간은 나 중심 아상의 관념이 뿌리 깊게 자리하고 있다는 것을 알려 주고 있기도 합니다.

부부간의 관계에서 서로 간의 느낌 인식 관념이 변화할 수 있는 사례를 유추하여 접근해 보면 설거지를 한 번도 하지 않던 남편이 설거지하기 시작한다면 아내의 시각에 남편도 가사를 도와주는 사람이라는 이미지가 시각을 통해 빛 입자로 입력될 것입니다. 남편이 설거지뿐 아니라 청소까지 하는 등 아내에게 보이는 시각에 긍정의 이미지 입자가 반복되어 입력되다 보면 남편의 관념뿐만 아니라 아내가 남편을 보는 느낌 인식 관념까지 변화해 가는 지혜로운 삶으로 이어지는 부부가 될 것입니다.

위 사례에서 부부 중 부인의 관념이 변해 가는 마음 작용 과정을 살펴보면 남편의 변화된 행동(색)이 (수)(상)(행)을 거쳐 (식)에서 고맙다는 분

별의 인식을 하게 되고 그 분별 인식이 반복되다 보면 오온의 순환과정
을 거쳐 (수)(상)에서 좋은 느낌의 인식 이미지가 쌓여 (행)에서 웃는 감정
이 일어나 (식)에서 좋은 남편이란 분별로 이어지는 마음의 순환 과정이
일어난다는 것입니다. 이런 이미지의 상황들이 반복되다 보면 (수)(상)의
느낌 인식 관념에 좋은 남편의 이미지는 더 깊게 심어질 것입니다. 즉 오
온 중 (수)(상)의 느낌 인식은 (상)의 생각 인식 입자의 성질이 강하게 연
계하여 작용하므로 청각에 의한 말의 소리 파동보다는 시각으로 들어오
는 빛의 입자와 관계된 행동이 큰 영향을 줄 수 있다는 것입니다. 수시로
하는 말싸움으로는 부부싸움을 멈출 수 없고 변화된 모습과 행동이 있을
때 부부싸움에서 벗어날 수 있다는 것을 알려 주고 있습니다. 위에서 살
펴본 바와 같이 부부싸움에도 파동과 입자의 우주 원리가 작용하고 있음
을 알고 지혜로운 삶을 살아갔으면 합니다.

5. 언어 분석을 통한 마음 치유

언어는 기표 이름과 의미 조합으로 구성되어 소통하는 수단이며 언어의 속성에는 파동과 입자 이중성이 있어 양자역학의 원리와 유사성이 있음을 앞서 [5장 언어의 파동과 입자 관계]에서 알 수 있었습니다. 그만큼 언어에는 미시세계 마음의 속성이 담겨 있으며 마음의 병 치유를 위해서 언어에 대한 분석이 중요하다는 것입니다. 언어의 표현에는 긍정적 부정적 요인 등 생각의 관념이 연계되어 있으며 억양과 말의 톤 등에 의거하여 성격 및 감정의 영역까지 분석할 수 있는 요인들이 함축되어 있을 수 있기에 마음 관찰 및 치유에 있어 중요한 영역입니다. 실천 일기를 쓰거나 상담 치유 과정을 통해 언어의 표현 내용이나 어투 등을 분석하는 것도 마음의 세계를 관찰할 수 있는 효율적인 접근 방법일 것입니다. 언어 분석과 관련하여 말하기 읽기 쓰기에 대한 개념은 [5장 언어의 파동과 입자 관계]에서 설명한 내용을 참고하면 언어와 마음 작용과의 원리를 이해하는 데 도움이 될 것입니다. 보이지 않는 마음과 언어의 관계 분석을 통한 마음의 병 치유를 위해서는 거시세계뿐만 아니라 미시세계 파동과 입자의 관계 등 양자역학의 특성에 연계하여 살펴볼 필요가 있습니다.

마음의 병으로 연계되는 탐욕과 분노의 감정을 변화시키는 가장 효율적인 언어 치유 접근 방법은 무엇이 있을까요? 언어의 관계로 접근해 보면 말하기 읽기 쓰기 중 궁극적으로 쓰기라 할 것입니다. 말하기는 소리 파동으로 (행)의 감정치료에 효과가 있고 읽기는 문자를 빛 입자로 받아들여 (상)의 관념 치료에 효과가 있다는 것은 앞서 설명하였습니다. 하지만 글쓰기는 오감에 의한 외부 대상(색)의 파동이나 빛의 영향을 직접적으로 받지 않는 내면의 고요한 마음 작용으로 (식)의 의식을 더 집중하기에 (상)의 관념과 (행)의 감정치료 모두에 관계한다는 것입니다. (식)의 깨어 있는 의식에 의거하여 (수)(상)의 느낌, 인식, 생각, 관념을 바꾸는 것은 읽기도 큰 효과가 있지만 궁극적으로 글쓰기가 더 효율적이라는 것이며 글쓰기를 할 때는 집중하기에 (행)의 감정까지 더 고요한 상태를 유지한다는 것입니다. 즉 글쓰기를 위해 생각하는 과정은 거시(물질)세계 어떤 대상과 연계된 오감의 활동보다는 미시세계 내면의 마음 작용이 조화를 이루는 것으로 (수)(상)의 느낌 인식과 (행)의 감정을 성숙하게 변화시키는 데 가장 효율적이라 할 것입니다.

시를 쓸 때 사례를 살펴보면 산이나 물 꽃이나 나무 등 어떤 대상을 오감이 보고 글을 쓰는 것인데 이때 글쓰기가 오감이 아닌 내면의 마음 작용으로 보는 이유는 외부 대상이 오감으로 들어왔을 뿐 그 대상으로 인한 창작의 마음 작용이 광범위하게 일어나기 때문입니다. 외부 대상은 자신의 관념이 연계된 창작의 재료일 뿐이기에 글쓰기에 오감으로 들어오는 소재는 오감에 의한 직접적인 마음 작용으로 구분하지 않는다는 것입니다.

시를 쓸 때 보통은 고요한 감정의 상태일 것이며 자기의 경험과 삶이 묻어 있는 것이 일반적이라 할 것입니다. 아무리 비유해서 가장한 글을 쓴다 해도 자기의 경험에 의한 내용이나 문체가 묻어 있다는 것입니다. 시는 직접적인 언어 표현의 부담을 덜어 주고 간접적인 방법으로 마음을 전달할 수 있는 최적의 수단이라 할 것이며 국가적으로 어려운 시기 시를 통해 시대의 아픔을 전하는 것도 시가 가진 장점일 것입니다.

저자도 피해망상, 트라우마 등 정신적으로 무척 힘들 때 외부로 직접 표현할 수 없는 증상들을 자연이나 사물에 비유해 시를 쓰면서 마음에 감춰진 무의식의 감정을 다스릴 수 있었고 (수)(상)의 느낌 인식 관념이 어디에 머무르고 있는지 확인할 수 있는 계기가 되었습니다. 처음에 시를 쓸 때는 혼돈의 연속이었으나 점차 자연과 사물에 동요되는 고요한 감정의 즐거움을 느끼었고 더 나아가 시상을 떠올리며 그간의 경험들이 접목되는 비유를 반복하면서 편견과 탐욕에 머물러 있는 내면을 관찰할 수 있었습니다. 자연과 어우러지는 시상에 마음을 비유하여 표현하는 과정에서 내면에 숨어 있던 관념을 외부로 끌어내는 효과가 있었다는 것입니다.

오온 중 (수)(상)의 느낌 인식 관념이 변화하는 과정을 경험 사례로 살펴보면 피해망상, 트라우마 등 정신적으로 힘들었던 상황들이 시로 옮겨지며 망상의 응어리들이 풀려나가는 '상념의 시간'이 지나갔고 왜 그랬을까 편견의 세상이 변하면서 '사랑으로 가는 길'로 시상이 바뀌어서 '파동의 삶'을 살 수만 있다면 하는 삶의 지향점이 시상을 통해 변해 가는 경험을 한 것입니다. 아직 '사랑으로 가는 길' '파동의 삶'에 대해 온전하게 접어들지는 못했지만, 홀로 시를 쓰며 내면을 조합하는 과정에서 행복을 찾아가는 삶의 방향을 알아 가고 있는 것입니다.

에세이, 시, 등 자신을 되돌아보는 글쓰기는 오감에 의한 외부 대상의 분별보다는 외부 대상이나 경험이 내면에서 다시 조합되어 창작하는 마음 작용이 이루어지는 경험을 할 수 있는 기회의 장이기도 합니다. 자신의 관념을 비유해 되돌아보며 성숙해 가는 최적의 수단일 수 있다는 것입니다. 일상에서 관찰일기부터 쓰기 시작하는 것도 편견이나 탐욕의 크기를 알아 가는 데 도움이 될 것입니다. 글쓰기가 삶을 성숙시키는 데 도움을 준다는 것은 이미 대중화되어 알고 있을 것입니다. 이 책에서 말하기 읽기 쓰기를 분류하여 설명하는 이유는 마음 치유에 있어 언어 분석이 중요하며 파동과 입자의 양자역학 원리가 작용한다는 것을 알리어 도움을 주고자 하는 것입니다.

6. 탐욕의 중도를 찾아서

재물에 대한 탐심의 욕구 및 어떤 승부에서 이기고자 하는 욕구에 조금이라도 손해 보지 않겠다는 탐욕이 큰 사람일수록 에너지를 자기 몸으로 끌어들이는 나 중심의 나르시시즘이 강하다고 할 수 있습니다. 어떤 사람의 탐욕이 극심할 때 나 중심의 나르시시즘이 극단으로 치우친다고 할 수 있으며 분노라는 마음의 병을 더 키워 갈 것입니다.

99칸 방을 가진 사람이 100칸을 채우려고 1칸 방을 빼앗으려 한다는 속담이 있습니다. 탐욕에 끝이 없다는 것을 잘 드러낸 것입니다. 분수에 맞지 않는 욕심은 화를 부른다는 속담도 있습니다. 위 두 가지 사례의 속담을 접목해 보면 탐욕은 끝이 없어서 분수에 맞는 적당한 기준의 조율이 필요하다는 것을 의미한다고 할 것입니다.

위 속담은 현실 세계에서 욕망을 버리라는 것이 아니라 자신의 탐욕에 대한 마음을 관찰하라는 의미로 보입니다. 탐욕은 각자 그 크기가 다르고 능력 또한 다릅니다. 그래서 탐욕과 집착 정도를 스스로 분석하여 최대한 조화와 균형의 삶을 찾아갔으면 하는 의미가 위 속담에 담겨 있다고 보입니다. 그 균형점이 불교의 중도 의미라고 확대해서 비유해 볼 수도 있을 것입니다.

보충 설명하면 오온 중 (수)(상)에 연계한 나 중심의 관념 탐욕은 끝이 없으므로 깨어 있는 의식에 의거하여 균형점을 찾아 조화를 이루어야 행복한 길로 갈 수 있다는 것을 알려 주고 있습니다. 즉 마음의 병을 일으키는 탐진치 3독심에서 자유로워지기 위해서는 (식)의 깨어 있는 의식의 힘을 키워야 한다는 것입니다. 탐심의 욕망과 이성은 개인마다 다르므로 그 기준에 명확한 답이 있는 것은 아닙니다. 즉 무의식의 욕망과 의식의 이성이 타협되는 지점이 각자 다르다는 것입니다. 탐욕의 중도를 찾아가기 위해서는 무의식의 욕망과 의식의 이성이 조화와 균형점을 찾아가도록 마음을 세분화하여 관찰하는 일상이 필요하다고 할 것입니다.

7. 되돌아보며

지나온 길을 되돌아보는 마음 관찰 및 분석은 성장의 원동력이 될 것입니다. 앞으로 가는 길에서 이 책이 행복을 물들이는 안내서 역할을 하였으면 합니다. 언제부터인가 인생의 동반자가 된 마음이 선물한 홀로 쓴 시를 담았으니 사랑으로 가는 인연이었으면 합니다.

나이테 미로

세상 시름 짊어지고 들어선 곳 어디인고
산중 수복 둘러싸여 한숨 짓던 청년이여
첩첩한 깊은 산중 알 수 없는 미로에서
길 잃고 방황하는 그대 모습 보이는지

숲속 친구들 그 형상도 제각각
굴곡진 삶의 시간 보여 주지만
그대에 빠져 탐욕 찾아 쫓고 쫓다가
그대를 잃고 어둠 속에 헤매더라

발자국 길 더듬어 찾고 찾는 미로의 길
천둥 벼락 꺾인 나무 숨은 지도 펼치어

수십 줄 나이테의 인생길 그려 주며
돌고 돌아 맴 맴 그 자리 일깨우네

첩첩산중 오가며 산 넘어온 중년이여
인생 여정이 번개 치듯 스치어 갈 뿐
보는 것도 보이는 마음도
그대가 만든 세상 아니런가

나이테 인생길
당신에게로 사랑이 흘러가기를

연기의 세상

저 멀리 굴뚝에 피어나는 연기를 보는 자
아궁이 누가 불 지피는지 알 수 있는지요
아궁이 불 지피는 자
굴뚝의 연기 흘러가는 곳 알 수 있는지요

욕망의 불씨 활 활 타올라
오만가지 상상 꿈틀꿈틀 휘날립니다
모락모락 피고 지는 연기의 세상
그대의 마음은 어디에 있을는지

알 수 없는 연기의 흐름을 인정만 해도
무지의 길에서 벗어날 수 있지 않을까요
이리저리 휘날리는 연기의 세상에도
일념 불퇴 사랑은 이어집니다

하늘이 연기를 포옹하며 품에 안듯이
저녁 짓는 어머니 사랑 풀풀 김이 서립니다
사랑의 연기에 당신과 그대라는 경계가 있을까요

지수화풍 공

(지)
대지에 산천초목 뿌리내리며
오가는 생명 텃밭이 되고

(수)
아침 이슬 촉촉이 젖은 숲속은
생명 줄기 타고 오르며 청초함이 피어난다

(화)
햇살의 무지갯빛 향연에
나뭇가지 고개 내밀어 눈빛 대화 나누고

(풍)

산들바람 심호흡에 흔들리는 풀숲은
손짓 몸짓 장단 맞추어 흥겨운 춤을 춘다

(공)

허공의 여백에 지수화풍 그리니
우주 공간 인연 아닌 것이 무엇이랴

이 글을 읽으신 독자라면 행복으로 가는 길로 접어든 것입니다. 이유는 자신의 마음을 관찰하는 것이 중요함을 알았을 것이기 때문입니다. 이 세상에 소중하지 않은 사람은 없습니다. 단지 소중한 자신을 보지 못하기 때문에 혼돈 속에서 헤매는 것일 뿐입니다. 세상은 파동과 입자의 관계가 상호 작용하며 어울리듯이 우리의 마음도 보이지 않지만, 파동과 입자의 관계에 의한 원리가 작용하고 있습니다. 파동과 입자의 관계는 서로 부딪힘보다 상호 작용하는 관계를 유지하는 것이 보편적입니다. 마음이 외형으로 보이지 않는다고 해서 멀리 떼어 놓지 마시고 인생의 동반자로 관심을 가지로 살아갔으면 합니다. 마음의 세계는 무궁무진한 세상을 담고 있습니다. 그 세상을 발견하여 희열을 느낄 수 있는 독자분들이 되기를 진심으로 기원하겠습니다. 감사합니다.

양자역학으로 분석하는
마음의 세계

초판 1쇄 발행 2026년 2월 5일

지은이   김기식
펴낸이   이기봉
편집   좋은땅 편집팀
펴낸곳   도서출판 좋은땅
주소   서울특별시 마포구 양화로12길 26 지월드빌딩 (서교동 395-7)
전화   02)374-8616~7
팩스   02)374-8614
이메일   gworldbook@naver.com
홈페이지   www.g-world.co.kr

ISBN   979-11-388-5334-7 (03180)